Die Schwäbische Alb

Die Schwäbische Alb – einst aus dem Jurameer emporgestiegen, bizarr gegliedert oder sanft gewellt – erstreckt sich als markantes Mittelgebirge auf ca. 200 km Länge und 50 km Breite quer durch Baden-Württemberg, vom westlichen Bodensee bis hinauf ins Ries an der württembergisch-bayerischen Grenze.

Wo heute zwischen Wacholderbüschen friedlich Schafe weiden, zischte vor Millionen Jahren glühendes Gestein gen Himmel, denn die Alb zählte zu den vulkanreichsten Gebieten der Erde.

Seltene Versteinerungen der Urtiere wurden gefunden und sind in vielen, weltweit oft einzigartigen Museen bestens präpariert zu bestaunen. Aus der Urzeit hat sich die Schwäbische Alb in ihrem Inneren noch kostbare Schätze bewahrt, die heute als Heilquellen zum Segen der Menschen sprudeln. Mit einem großen unter-irdischen Faß ist der Untergrund der Schwäbischen Alb von Geologen schon verglichen worden. Die von dort stammenden warmen, mit Mineralien angereicherten Wasser aus den Tiefen der Erde, sind in großzügigen Thermal-, Mineral-und Bewegungsbädern zu Quellen der Gesundheit geworden. Das therapeutische Angebot ergänzen aber auch die seit Jahrhunderten bekannten Schwefel-, Stahl- und Mineraltrinkquellen. In allen acht Heilbädern der Schwäbischen Alb werden die natürlichen örtlichen Kurmittel durch medizinische Bäder, Fango, Kneipp´sche Anwendungen, Massage und Elektrotherapie durch eine Vielzahl weiterer Anwendungen bereichert.

Zahlreiche Flüsse haben ihr Bett tief in den weißen Kalkstein gegraben. Durch das Einsickern des Wassers in das poröse Gestein entstanden märchenhafte Tropfsteinhöhlen, von denen über 70 erforscht und 25 als Schauhöhlen zugänglich sind. Unter ihnen verzaubern vor allem die Bärenhöhle, Nebelhöhle, Charlottenhöhle, Wimsener Höhle und zahlreiche andere alljährlich Hunderttausende mit ihrer unterirdischen Wunderwelt.

Eine Vielzahl von Burgen, Schlösser und Ruinen bekrönen dagegen die Felsen und Bergkuppen der Schwäbischen Alb. Namen wie "Hohenstaufen" und "Hohenzollern" verraten eindrücklich, dass große Geschlechter aus dieser Landschaft über Jahrhunderte hinweg deutsche und europäische Geschichte gestalteten und machen Besuche zugleich auch zu Reisen durch eine vielfältige Kulturlandschaft. Sauber herausgeputzt liegen gemütliche schwäbische Städtchen und Dörfer auf den Hochflächen und in den Tälern, so als erwarteten sie alle Tage Besuch. Höhenzüge, die bis zu 1.000 Metern heranreichen, sanfte Bergrücken, Hügel und Kuppen geben der Schwäbischen Alb ihr unverwechselbares Landschaftsbild, Wacholderheiden, Blumenwiesen, Buchenwälder, Kalkfelsen, Maare, Tropfsteinhöhlen, Wasserfälle, Karstquellen und Fachwerkstädtchen erwarten den Besucher. Ungezählte Naturliebhaber lieben die Stille und Schönheit dieser ausgedehnten, unverbrauchten und erholsamen Landschaften, durch die der Schwäbischen Albverein über 13.000 km markierter Wanderwege angelegt hat, die aber ebenso von einem dichten Netz speziell ausgebauter und beschildeter Radwege durchzogen sind.

Die Schwäbische Alb lädt also nicht nur zum Wandern ein, sondern sie eignet sich ebenso ideal für Radler jeden Alters und unterschiedlichster Leistungsanforderungen. Obwohl die Alb ein Mittelgebirge ist, erwartet den Radwanderer kein ständiges Auf und Ab von Berg- und Talfahrten. Die ausgedehnten Hochflächen sowie die zahlreichen verschlungenen Täler eröffnen Radler vom Kindesalter bis zum aktiven Senioren vielfältige Möglichkeiten für angenehme und eindrucksvolle Strecken – oder Rundtouren.

Andererseits finden Radsportler, die sportliche Herausforderungen suchen, speziell an den steilen Aufstiegen am Nordrand der Schwäbischen Alb (dem sogenannten Albtrauf) oder auf ausgedehnten Streckenfahrten über die Hoch-fläche ihre Refugien. Immer aber bilden die unverbrauchten, abwechslungsreichen Landschaften der Schwäbischen Alb den reizvollen Rahmen für eindrucksreiche "Erfahrungen". Immer wieder sind daher Besucher von diesem Mittelgebirge zwischen Neckar und Donau begeistert, denn nicht nur die Alblandschaft selbst, sondern auch die oft sich eröffnenden Blicke bis zu den Alpen, zum Schwarzwald und zum lieblichen Albvorland hinterlassen einmalige Eindrücke.

Neben dem umfangreichen Netz von Wander- und Radwegen, die die gesamte Landschaft überziehen, stehen aber auch vielfältige Angebote für aktive Freizeitgestaltung, für einen sinnvollen Erlebnisurlaub, für unvergessliche Ferientage in einer einzigartigen Landschaft für die Gäste auf der Schwäbischen Alb bereit .Im Winter ist die Schwäbische Alb mit ihren freien Hochflächen und zahllosen gespurten Loipen selbstverständlich auch ein ideales Revier für Langläufer und zahlreiche Hänge mit Liften stehen zudem alpinen Skifahrern zur Verfügung.

Ein vielseitiges Spektrum von oftmals einzigartigen Museen und Sehenswürdigkeiten dokumentieren das ganze Jahr über nicht nur die reiche Vergangenheit derSchwäbischen Alb als Kulturlandschaft, sondern vermitteln auch interessante Einblicke in die vielschichtigen Traditionen und das bis heute bewahrte Brauchtum. Dazu zählt natürlich auch die schwäbische Gastlichkeit, die auf der Alb noch gepflegt wird. In jedem Albdorf gibt es urgemütliche Wirtschaften. Wer einkehrt kann sicher sein, typisch schwäbische Gerichte auf der Speisekarte zu finden: Maultaschen mit Kartoffelsalat, Rostbraten mit Spätzle, Schupfnudeln mit Sauerkraut. Wer´s aber nicht nur deftig mag, sondern auch die feine Küche zu schätzen weiß, kann sich ebenso von der gehobenen Gastronomie und Hotellerie auf der Schwäbischen Alb verwöhnen lassen. Im Sommer gibt es überall auf den Dörfern ein "Hocketse" oder ein "Festle", wo selbstgebackenes Brot, Laugenbrezeln, Schärrkuchen, ein gutes Viertele Wein oder das typische Getränk der Älbler – der Most – das gemütliche Beisammensein bereichern – und den Alltag vergessen lassen.

Schwäbische Alb Tourismusverband
Marktplatz 1, 72574 Bad Urach
Tel.: (07125) 948106, Fax.: (07125) 948108
E-Mail: tgsa@schwaebischealb.de
Internet: www.schwaebischealb.de

SCHWÄBISCHE Alb
entdecken & erleben

Onolzheim
Oberspeltach
Stöckenhof
Hammerschmiede
Maulach
Bonlzhof
Waldbuch
Speltach
Fichtenhaus
Betzenmühle
Steinehaig
Banzenweiler
Jagstheim
Frankenhardt
Unterspeltach
Spaichbühl
Eckenweiler
Gründelhardt
Stetten
Bechhof
Brunzenberg
Altenfelden
Reishof
Honhardt
Hellmannshofen
Markertshofen
Neuhaus
Birkhof
Zum Wagner
Sandhof
Schenkensee
sontheim
Vorder
Mainkling
uhlberg
Hinter
Himmelreich
Hirschhof
Schimmelsägmühle
Gauchshausen
Ipshof
Schimmelhof
Belzhof
Grunbachsägmühle
Vetterhöfe
Lindenhof
Hummelsweiler
Schüsselhof
Bühlertann
Hettensberg
Grünberg
Betzenhof
Fronrot
Deutsche Ferienroute
Alpen-Ostsee
Hochtänn
Tannenburg
Spitzensägmühle
Blashof
Zollhof
Geiselrot
Herlingshof
Kreidelhaus
Heuhof
Holenstein
Uhlenhof
Rosenberg
Birkhof
Ludwigsmühle
NSG
Kammerstatt
Ohrmühle
Blinde Rot
Eichberg
Benzenhof
Hohenberg
Spatzenhof
Bühlerzell
Tannenbühl
Zumholz
Roßberg
Matzengehren
Mangoldshausen
Röhmen
Senzenberg
Schönbronn
Ferienpark Grafenhof
Röhmensägmühle
Ziegelmühle
Hinterbrand
Hinter
Hochbronn
Mittelwald
Hütten
Spitzenberg
Haid
Hüttenhof
Vorder
Schönberger Hof
Gerabronn
Stöcken
Ölmühle
Steinenbühl
Wendenhof
Ottenhof
Gaishardt
Mäder
Bühler
Kuderberg
Eiwaldhof
Haldenhof
Neumühle
Zimmerberg
Leinenfirst
Adelmannsfelden
Hammerschmiedesee
Eisenweiher
Höfenhölzle
Metzgelgehren
Hinterbüchelberg
Wildenhof
Burghardsmühle
hohlenbach
Wildenhäusle
Pommertsweiler
Hohenhöfen
Pfaffenhölzle
Straßdorf
Lutstrut
Jugendheim
Ramsenstrut
Kocherhof
Vorderbüchelberg
Fischbach
6

Rotmühle
Witta
Ofenbach
Wegses
Mistlau
Bräune
Schönbrom
Bergbronn
Gaisbühl
Oßhalden
Lohr
Jagst
Alexanders-
reut
Wiesmühle
Käsbach
Schüttberg
Vehlenberg
Sixenmühle
Ruppersbach
Kaihof
Burgberg
ehemalige
Pfannenburg
Nestleinsberg
Hochbronn
Großenhub
Gerberts-
hofen
Wäldershub
B290
Eichelberg
Weipertshofen
Lixhof
Steinbach
a.d.Jagst
Zankhof
Völker-
mühle
Rohrweiher
Fichtenhof
Siglershofen
Hübnershof
Steinbach
am Wald
Gunzach
Stimpfach
Bautzenhof
Krettenbach
Fich
Kreßbronn
Eichishof
Spitzenmühle
Randen-
weiler
ehemalige
Ruppenburg
NSG
Eulen-
mühle
Blindhof
Hahnen-
berg
Finken-
berg
Connen-
weiler
Matzenbach
Sperrhof
Rechenberg
Riegersheim
Ölmühle
Reifenhof
Hörbühl
Rot
Riegel-
hof
Kellerhof
Rothof
Hegen-
berg
Weiler
Ropfershof
E 43
Breitenb
7
Winterberg
Jagstzell
Eichenrain
Knausberg
Georgen-
stadt
Buch
Dankoltsweiler
Keuerstadt
Hornberg
570
Ellenberg
Bühlhof
Holzmühle
Schweig-
hausen
gehrn
Orrotsee
Dankoltsweiler
Sägmühle
Treppelmühle
Fischbachsee
Kalkhöfe
Dietrichs-
weiler
Stocken
Dürren-
wald
Schönau
Scheuensägmühle
Rindelbach
Borst-
hof
Rabenhof
Eigenzell
Rothof
Lindenhof
(Behindertenheim)
Braune
Hardt
Kreßbachsee
Holbach
Eggenrot
Keller-
haus
Kuhwal
Glasweiher
Rotkreuz
Schönenberg
Rattstadt
Engelhards-
weiler
Süßhof
Steigberg
Glassägmühle
ELLWANGEN
Altmannsweiler
Wellenbad
Schloß ob
Ellwangen
Ölmühle
Schlierbachsee
Hinter-
lengenberg
Rotenbach
Schafhof
Schrezheim
Neunheim
Vorder-
lengenberg
Wagnershof
Sägweiher
Espachweiler-
see
Neunstadt
Schleifhäusle
Espachweiler
Saverwang
Waldkrankenhaus
Sankt Anton
Römische Grenzmauer
(Limes)
Schwenningen
Heidkapelle
10
Neuler
Schwabsberg
Rainau
Haisterh
Bächweiher
Dalkingen
Ober-

Burgstetten
Germannsweiler
Aussichtsturm
BACKNANG
Ungeheuerhof
Maubach
Erbstetten
Heiningen
Veitswend
Röthendorf
Cottenweiler
Stiftsgrundhof
Waldrems
Allmersba
Bernhard
Grüb
Horbach
Nellmersbach
Weiler
Felsenmühle
Hertmannsweiler
NSG
Stöckenhof
Lauter
Degenhof
Öschelbronn
Ölmühle
Berghaus
Bürg
Schulerhof
Baach
Linsenhof
Oberdeufstetten
Rettersburg
Höfen
Ruitzenmühle
Birkmannsweiler
Berglen
Unterstetten
Burkhartshof
Oberweiler
Oppelsbohm
Schelmenholz
Gerhof
Bretzenacker
Breuningsweiler
Ödernhardt
Hanweiler
Lehnenberg
Sonnenberg
Spechtshof
Erlenhof
Kottweil
Steinach
Reichenbach
Goschenhof
Ellenberg
Moritzkreuz
Gundelsbach
Buoch
Hößlinswart
Schöhe
Eitersberg
Groß-
Grunbach
Bauersberg
Remshalden
Rohrbronn
B 29
Rems
Geradstetten
Hebsack
Hausen
Beutelsbach
Stausee Häsle
Winterbach
Schönbühl
Hirlba
Saffrichhof
Hammermühle
Schnait
Burg
471
Nonnenberg
Engelberg
Stausee Rötlen
Manolzweiler
Rötlen
Erpfental
Aichelberg
Baach
Krummhardt
Röhlinge
Utzwingen
Hohengehren
Thomashardt
Aichwald
Parkhaus
Ballmannsweiler
Maihingen
Aichschieß
Schlößlesplatz
Weißer

Lippolds-weiler
Weissach
Schloß
weiler
Hohnweiler
Kammer-hof
Däfern
Ober-
Bruch
Lutzenberg
Rotenmad
Kaisersbach
Waldenweiler
Ebni
Ebnisee
Eulen-hof
Römischer Grenzwall (Limes)
Schöllhütte
Althütte
Voggen-hof
Heppich-gehren
Gausmanns-weiler
Römischer Wachturm
Watten-weiler
Kallenberg
Mannenberg
Hägerhof
Eckarts-weiler
Heutens-bach
NSG
Jux
496
Oberndorf
Klaffen-bach
Strümpfel-hof
Schmalen-berg
Stein-bach
Wieslauf
Selbold weiler
Waldenstein
Klingenmühl-höfle
Eichhof
Seelach
NSG Zumhof
Edelmannshof
Klingen-mühle
Laufenmühle
Rudersberg
WELZHEIM
Schlechtbach
Roßbuckelhof
Obersteinen-berg
Lettenstich
Lindental
Langenberg
Vorder-hundsberg
Necklins-berg
Krehwinkel
Michelau
Taubenhof
Steinen-berg
Eselshalden
Rausche
Breiten-fürst
Asperglen
Vorder-weißbuch
Steinbruck
Eibenhof
Miedels-bach
Streich
Buhl-bronn
Köshof
Ölmühle
Metzlinsweiler Hof
Plüder-wiesenhof
Wellings-hof
Walkersbach
Schorn-bach
Haubersbronn
Bärenbach
Eulenhof
B 29
SCHORNDORF
Schwäbische Dichterstraße
Urbach
Bärenbach
Rems
Hohbergkopf
499
Ilgenhof
Hegnauhof
Neuweiler-hof
Plüderhausen
Weiler
Konnenberg
438
Elisabethen-berg
Aichenbachhof
Stadtwald
Waldhausen
Remstal
Schneid
Ober-berken
Schlichten
Adelberg
Breech
Ödweiler Hof
Unter-berken
Eissporthalle
Wellenbad
Adelberg-Kloster
Baiereck
Herrenmühle
Straße der Staufer
Weiterwald
Zachers-mühle
Mittelmühle
NSG
Nassach
Unterhüt
Oberwälden

Hohenhöfen
Straßdorf
weiler
Lutstrut
Pfaffenholze
Jugendheim
Ramsenstrut
Kocherhof
Vorderbüchelberg
Fischbach
Öl-u. Sägmühle
(Hinterer) Rötenbach (Vorderer)
Maisenhäuser
Bronnen
Christhäuser
Reichertshofen
Wilflingen
Binderhof
Fach
Wöllstein
Schäufele
Kohlwasen
Blinde Rot
Hornberg
496
Ebnat
Hohenstadt Schloß
Köhrhof
B 19
Altschmiede
Neu-
Frauenhof
Eiderhalden
Ausägmühle
Hangendenbuch
Abtsgmünd
Fachsenfeld
Börrat
Steinreute
Trübenreute
Neubronn Schloß
Leinroden
Klotzhöfe
Roßnagel
Rodamsdörfle
Steinfurt
Sebastiansweiler
Spatzenmühle
Blumenhof
Berg
Rotsold
Treppach
Leinweiler
Schafhof
Bubenrain
Dewangen
Laubach
Bernhardsdorf
Spitz
Tannenhof
Riedhof
Kiart
Degenhof
Mäderhof
Reichenbach
Faulherrnhof
Gobühl
Schultheißenhöfe
Neuhof
Hüttenhöfe
Horn
Heuchlingen
Holzleuten
Riegelhof
Schwalbenhof
Kohlhöfle
Klein-
Lusthof
Groß-
Freudenhöfle
Rauburr
Vogelsang
Oberrombach
Römische Grenzmauer (Limes)
Gollenhof
dölzer Hof
Sixenhof
Rauental
Mädle
Brackwang
Birkhof
Oberkolbenhof
Sandberg
Hofherrnweiler
Krausenhof
Braunhof
Unter-
Weinschenkerhof
Forst
Schnaitberg
Gratwohlhöfe
440
Christenhof
Sofienhof
Zollhaus
B 29
Rems
Deutsche Limesstraße
Böbingen
Sternhof
Mögglingen
Hermannsfeld
Blümle
Lauchklinge
Birkhof
Essingen
Landeplatz Heubach
Hohenroden
Heubach
Lautern
Prinzeck
Ölmühle
Teußenberg
735
Rosenstein
NSG
Hart
Ölmühle
714
Mittelberg
Lauterburg
Hochberg
Jägerhaus
755
758
Heidenburren
658
Nägelberg
Tauchenweiler
NSG
NSG
Bärenberg
755
Bartholomä
Hirschrain
Außerer
Äußerer Möhnhof
Irmannsweiler
Kitzinghof
Innerer
Möhnhof
Birkenteich
Ziegelhof
Tannenhöfle
Wirtsberg
Amalienhof
692
Schopf
701
Falkenhöhle
Segelfluggelände
Rötenbach
Falkenteich
10

6
Neuler
Schwenningen
Schwabsberg
Heidkapelle
Rainau
Dalkingen
Bächweiher
Ober-
lengenfeld
Römischer Wachturm
Weiler
Deutsche
Stausee Rainau Buch
7
ehemaliger Weilerhof
Halmershof
Mittel-
Römische Grenzmauer (Limes)
Sulzdorf
Schlierbach
Buch
Römisches Kastell
E 43
Jagst-
hausen
Unter-
lengenfeld
Deutsche Limesstraße
Franken-
reute
Nieder-
alfingen
Schloß
Straubenmühle
Jägerhaus
B290
Hüttlingen
Golds-
höfe
Immen-
hofen
Waiblingen
Westhau
Seitsberg
Wagenrain
B 29
Baiers-
hofen
Römischer Wachturm
Ruine Hohen-
alfingen
Himmlings-
weiler
Hofen
Heimatsmühle
Oberalfingen
Reichen-
bach
Jagst
Westen
Onatsfeld
ehemalige Agnesburg
Schanze
Heisen-
berg
Attenhofen
Affalter-
ried
Jägerwieshaus
Fürsitz
Wasseralfingen
Besucherbergwerk "Tiefer Stollen"
B u c h h a u
Westheim
Wanderheim
Annahaus
Weidenfeld
Erz-
häusle
Röthardt
Arlesberg
Bernlohe
Neßlau
Hirschhof
Unter-
Himmlingen
Simmisweiler
Birkhof
Neubau
Brastel-
burg
Emmahof
Waldhausen
Neuziegelhof
AALEN
Wanderheim
Geiselwang
Neukochen
Hohen-
berg
Mantelhof
Limes-Thermen
Pulvermühle
Aalbäumle
Unterkochen
Ruine Kocherburg
Affalter-
wang
Zeppelinhaus
L a n g e r t
Neumühle
Glashütte
G l a s h a u
Ebnat
Fuchsteichhaus
B 19
Zigeunerhaus
Heide
Volkmarsberg
Aussichtsturm
743
NSG
Nieslitz
Dieperts-
buch
OBERKOCHEN
Schwäbische Albstraße
B 19
Niesheim
Schlößle
Wollenberg
710
Birkach
Seegartenhof
Schnepfen-
hülbe
Köhlerei
Ziegelhütte
Zahnberg
Ochsen-
berg
15
Klosterhof
Großes Brenztal
Königsbronn
Weikersberg
Brenz-
ursprung
W e i h e r t a l
Ziegelhof

Büsnau
NSG
VAIHINGEN
Sonnenberg
DEGERLOCH
Kleinhohenheim
Schönberg
Kaltental
B 27
Hoffeld
MÖHRINGEN
Asemwald
831
Birkach
Rohr
Dürrlewang
Naturschutzgebiet
Fasanenhof
Steckfeld
Oberaichen
Unteraichen
NSG
LEINFELDEN
Beckenhäule
488
Musberg
AS Flughafen Stuttgart
Flughafen Stuttgart
LEINFELDEN-ECHTERDINGEN
Keltenschanze
ECHTERDINGEN
488
Hohenwart
Seebrückenmühle
Schlechtsmühle
Sulzbach
Schlößlesmühle
Stetten
Walzenmühle
Roter Berg
Schönaich
Waldheim
Steinenbronn
Reichenbach
Plattenhardt
B 27
Hasenhof
Kochenmühle
Speidelsmühle
Aich
Obere Rauhmühle
Wolfenmühle
NSG
Obere Sägmühle
Obere
Kleinmichelesmühle
Neuweiler
Liebenau
Untere
WALDENBUCH
Bachenmühle
Burkhardtsmühle
Totenbachmühle
Glashütte
Neuenhaus
500
Weißes Häusle
Betzenberg
Weiler Haus
Dettenhausen
Schaich
NSG
Schaichbe
Kälberstelle
Schweizer Straße
Walddorfhäslach
Walddorf
NSG
Bärlochhaus
Reichenbach
Eichenfirst
Gniebel
B 27
Blockhaus
Keltische Viereckschanze
Rübgarten
Pliezhausen
12
Reichenbachmühle
Aussichtsturm
Sophienpflege
Einsiedel
Pfrondorf

Lederberg
Heumaden
Brühl
Weil
ESSLINGEN am Neckar
Hengenburg
Schwäbische Weinstraße
OBER
ESSL
Riedenberg
Kemnat
Ruit
OSTFILDERN
Pliensauvorstadt
Park
siedlung
Zollberg
B 10
Kreuzbrunnen
Sirnau
Stockhausen
Neumühle
Körsch
Schloß Hohenheim
NSG
Berkheim
Spiethhof
Waldhäuschen
Plieningen
Scharnhausen
Nellingen
Denkendorf
Friedrich
Kempfle
8
E 52
AS Flughafen-Stuttgart
B312
Riedhöfe
Buchenhöfe
Schwäbische Dichter
BERNHAUSEN
Neuhausen
Wangerhöfe
Sielmingen
ERSTADT
B 27
Unterensingen
Lindenhöfe
Wolfschlugen
Römische Niederlassung
B313
Zizishausen
Harthausen
Bonlanden
Oberensinger Höhe
Hardt
Ulrichstein
Oberensingen
NÜRT
Aussichtsturm
Grötzingen
Aich
Galgenberg
372
Aichtal
Neckarhausen
Bergwirtshaus
Aich
B 27
Neckartailfingen
Museumsbahn
Schlaitdorf
Raidwangen
Keltische Viereckschanze
Altenriet
Altdorf
Frickenhausen
Neckartenzlingen
Großbettlingen
Linsenhof
NSG
Erms
Hammetwel
Bempflingen
Kleinbettlingen
Tischardt
Mittelstadt
18
Riederich
Grafenberg
Kohlberg
Florlansberg
NEUF

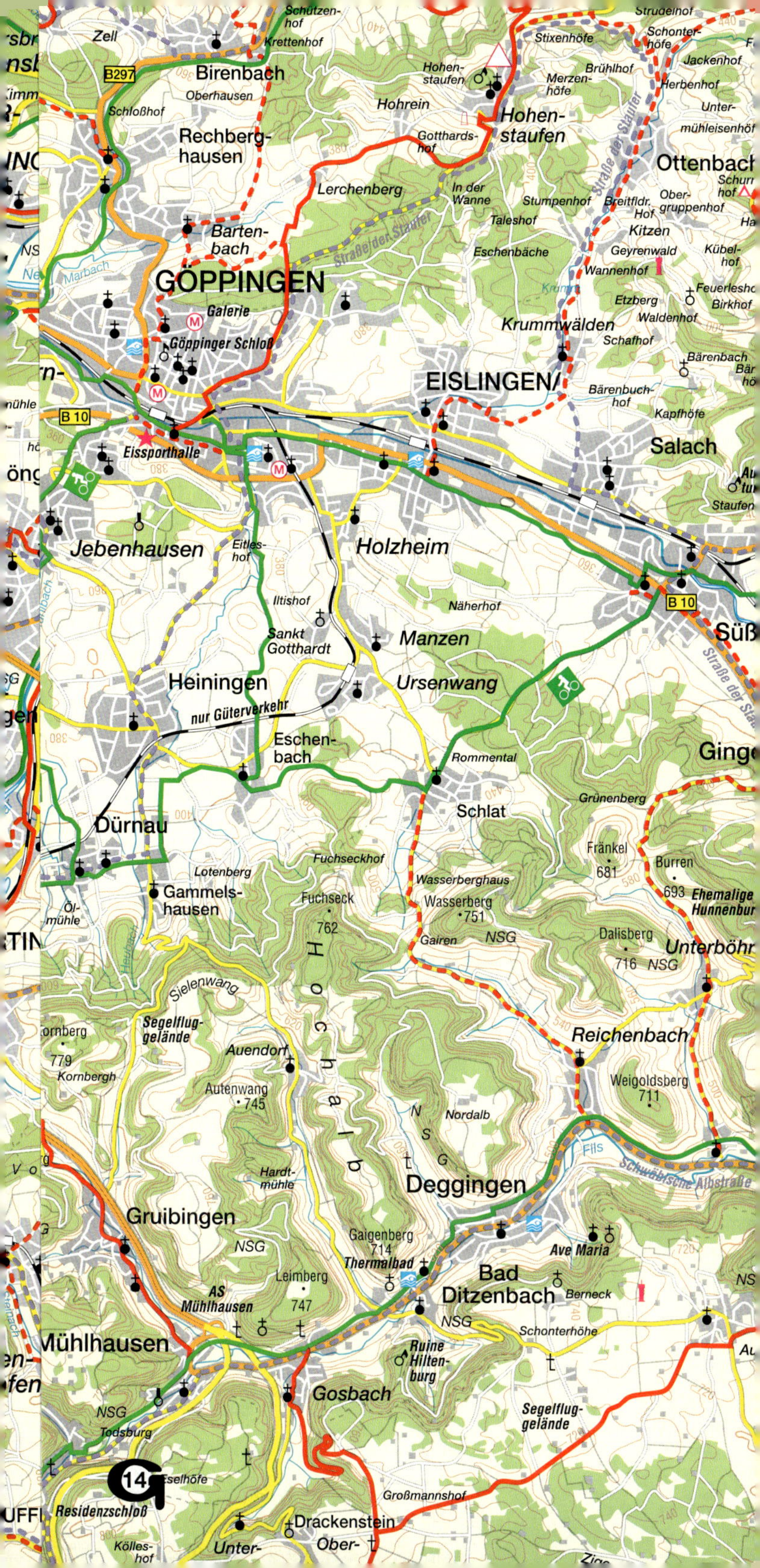

Zell
Birenbach
Oberhausen
Schloßhof
Rechberg-hausen
Bartenbach
GÖPPINGEN
Galerie
Göppinger Schloß
Eissporthalle
Jebenhausen
Eitleshof
Iltishof
Sankt Gotthardt
Heiningen
nur Güterverkehr
Eschenbach
Dürnau
Lotenberg
Gammelshausen
Ölmühle
Holzheim
Näherhof
Manzen
Ursenwang
Rommental
Schlat
Fuchseckhof
Fuchseck 762
Hochalb
Wasserberghaus
Wasserberg 751
Gairen
NSG
Hohenstaufen
Hohrein
Gotthardshof
Lerchenberg
In der Wanne
Straße der Staufer
Stumpenhof
Taleshof
Eschenbäche
Krummwälden
EISLINGEN/
Bärenbachhof
Kapfhöfe
Salach
Ottenbach
Stixenhöfe
Brühlhof
Merzenhöfe
Schonterhöfe
Jackenhof
Herbenhof
Untermühleisenhof
Breitfldr. Hof
Obergruppenhof
Kitzen
Geyrenwald
Wannenhof
Etzberg
Waldenhof
Schafhof
Feuerleshof
Birkhof
Kübelhof
Bärenbach
Staufen
B297
B 10
Marbach
Grünenberg
Fränkel 681
Burren 693
Ehemalige Hunnenburg
Dalisberg 716
Unterböhr
Reichenbach
Weigoldsberg 711
Fils
Schwäbische Albstraße
Sielenwang
Segelfluggelände
Auendorf
Autenwang 745
Kornberg 779
Kornbergh
Nordalb
Hardtmühle
Deggingen
Gruibingen
Gaigenberg 714
Thermalbad
Leimberg 747
AS Mühlhausen
Bad Ditzenbach
Ave Maria
Berneck
Schonterhöhe
Ruine Hiltenburg
Mühlhausen
Gosbach
Todsburg
Eselhöfe
Residenzschloß
Segelfluggelände
Großmannshof
Drackenstein
Unter-
Ober-
Köllesshof
14

Rechberg
Braunhäusle
Starrenhof
Stuifen
757
Weilerstoffel
Hornberg
Tannhof
Segelfluggelände
Bernhardus
Falkenberg
776
9
Bärenhöfle
Cyriakushof
Stolenhof
Zirschberg
Krähenberger Hof
Tannweiler
Reiterleskapelle
Kaltes Feld
Jägerhaus
Ruppertstetten
Degenfeld
Kratzerhof
Kapellhaus
Wißgoldingen
Täscherhof
Frauenholz
Christental
Dangelhof
Striethof
Heldenberg
726
Galgenberg
717
Haldenhof
Hasenhof
LAUTERSTEIN
Aichhöfle
Reichenbach
Winzingen
Lauter
Weißenstein
Bergwacht
Hagenhof
Schillingshof
Nenningen
Schloß
Lutzelalb
Feldhöfle
Hochberg
558
Hagenbuch
Straße der Staufer
Grünbach
Lauxenhof
Steighaus
Hochberg
Lautergarten
Schloß
Treffelhausen
Rindersteig
Ramsberg
B466
749
Messelstein
Messelhof
Baierhof
DONZDORF
NSG
Trasenberg
Hürbelsbach
Schmelzofen
Schnittlingen
Ziegelhütte
Vogelhof
Scharfenhof
Oberweckerstell
Ravenstein
Ruine Scharfenberg
Unterweckerstell
Ammenreute
Mordloch
Steinenkirch
702
Hohenstein
Kuchalb
Obere
Stötten
Roggenmühle
Untere
Roggental
NSG
Tegelberg
698
Kuchen
Eybach
Berghof
Oßmannsweiher
Schwäbische Albstraße
Waldhausen
Eybach
NSG
Christofshof
Michelsberg
Altenstadt
GEISLINGEN
Oberböhringen
Ruine Helfenstein
Lindenhof
Weiler
Ödenturm
Battenau
Straße der Staufer
Stubersheimer Alb
Hofstett
NSG
Thermalbad
Kahlenstein
Bad Überkingen
Hunger-Berg
704
NSG
Stubersheim
Ziegelwald
Schimmelmühle
Wittingen
Steigmühle
Ziegelhütte
Römisches Gebäude
Steighof
Türkheim
Amstetten
Amstetten-Bahnhof
Wannenhöfe
Museumsbahn
Ettlenschieß
20
Reutti
Segelfluggelände

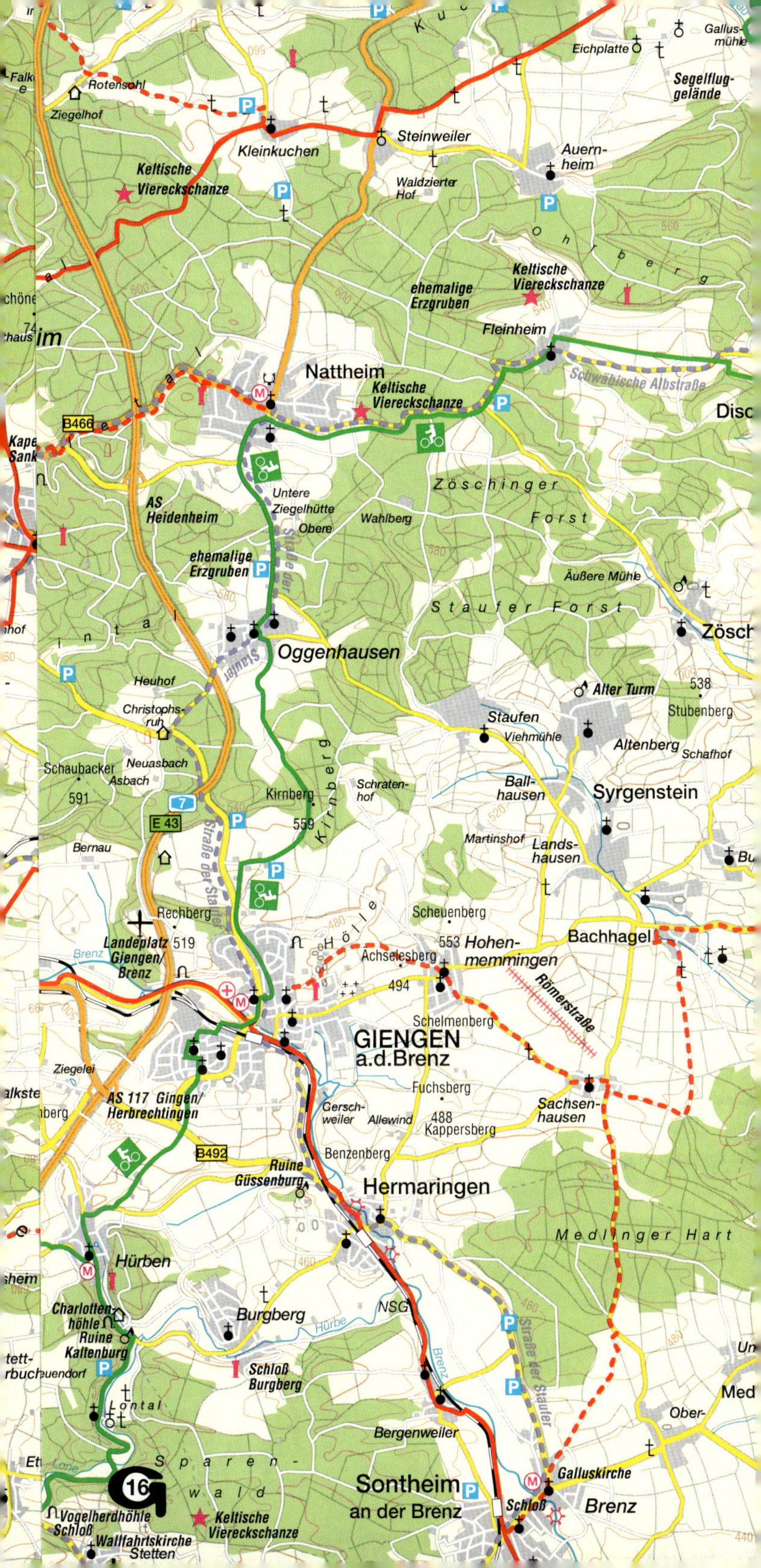

Rotensohl
Ziegelhof
Kleinkuchen
Steinweiler
Eichplatte
Gallusmühle
Segelfluggelände
Auernheim
Waldzierter Hof
Keltische Viereckschanze
ehemalige Erzgruben
Keltische Viereckschanze
Fleinheim
Nattheim
Keltische Viereckschanze
Schwäbische Albstraße
B466
Untere Ziegelhütte
Obere
Wahlberg
Zöschinger Forst
AS Heidenheim
ehemalige Erzgruben
Straße der Staufer
Äußere Mühle
Staufer Forst
Oggenhausen
Zöschingen
Heuhof
Alter Turm
538
Stubenberg
Christophsruh
Staufen
Viehmühle
Altenberg
Schafhof
Neuasbach
Schaubacker
Asbach
591
Kirnberg
559
Schratenhof
Ballhausen
Syrgenstein
E 43
7
Bernau
Martinshof
Landshausen
Rechberg
Landeplatz Giengen/Brenz
519
Scheuenberg
Höll
Achselesberg
553
Hohenmemmingen
Bachhagel
494
Römerstraße
Schelmenberg
GIENGEN a.d.Brenz
Ziegelei
AS 117 Giengen/Herbrechtingen
Fuchsberg
Gerschweiler
Allewind
488
Kappersberg
Sachsenhausen
B492
Benzenberg
Ruine Güssenburg
Hermaringen
Medlinger Hart
Hürben
Charlottenhöhle
Ruine Kaltenburg
Burgberg
Hürbe
NSG
Brenz
Schloß Burgberg
Lontal
Bergenweiler
Ober-
Med
Sparenwald
16
Galluskirche
Sontheim an der Brenz
Schloß
Brenz
Vogelherdhöhle
Schloß
Keltische Viereckschanze
Wallfahrtskirche Stetten

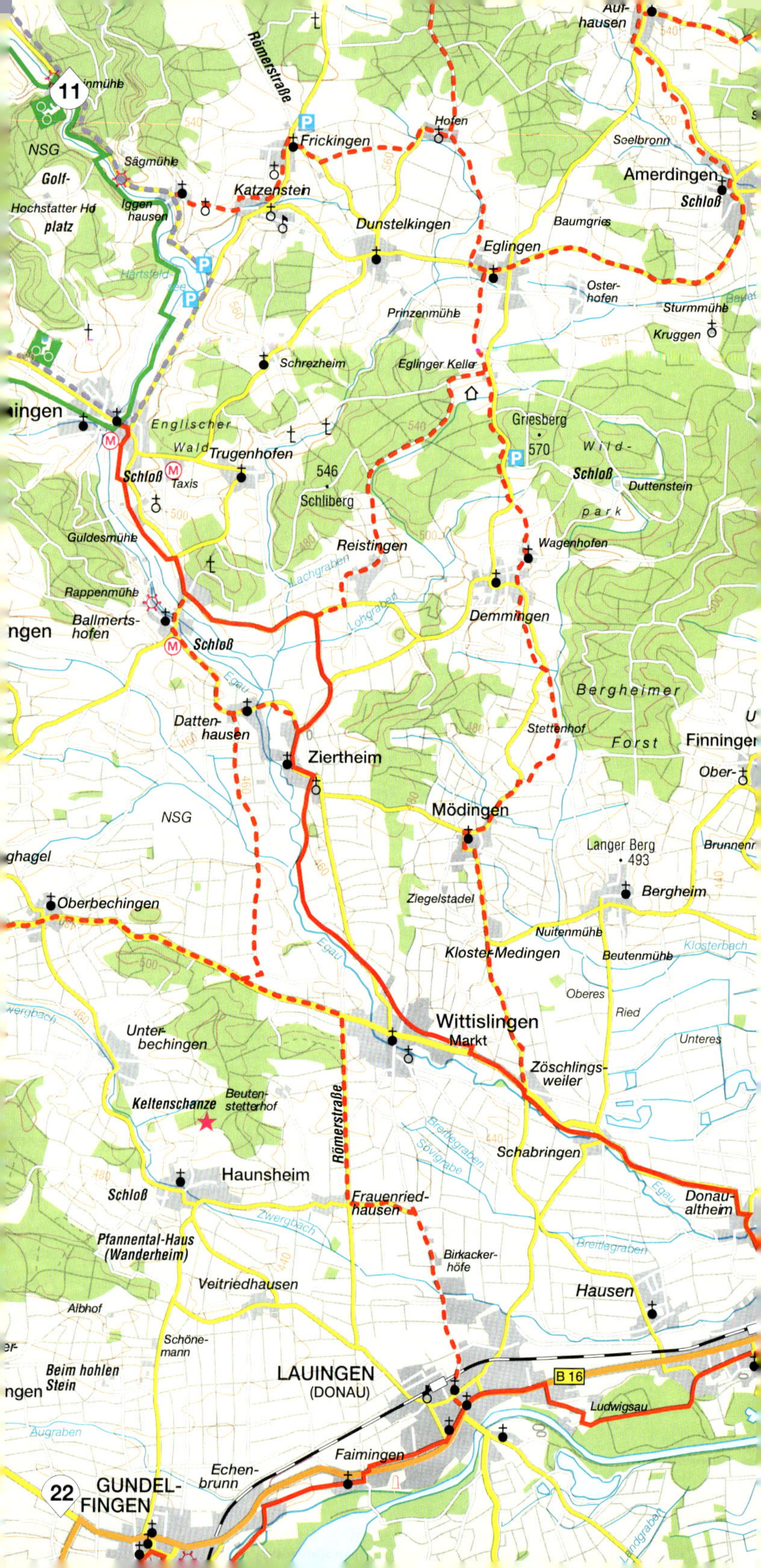

11
22
Aufhausen
Römerstraße
Frickingen
Hofen
Seelbronn
Amerdingen
Schloß
NSG
Golf-
platz
Sägmühle
Hochstatter Hof
Iggenhausen
Katzenstein
Dunstelkingen
Baumgries
Eglingen
Hartsfeldsee
Osterhofen
Sturmmühle
Prinzenmühle
Kruggen
Schrezheim
Eglinger Keller
Griesberg
570
Englischer Wald
Trugenhofen
546
Schliberg
Wildpark
Schloß
Duttenstein
Taxis
Guldesmühle
Reistingen
Wagenhofen
Lachgraben
Rappenmühle
Lohgraben
Demmingen
Ballmertshofen
Schloß
Egau
Bergheimer Forst
Dattenhausen
Ziertheim
Stettenhof
Finninger
Ober-
NSG
Mödingen
Langer Berg
493
Oberbechingen
Ziegelstadel
Bergheim
Nuitenmühle
Kloster-Medingen
Beutenmühle
Klosterbach
Oberes
Ried
Unterbechingen
Wittislingen
Markt
Unteres
Zöschlingsweiler
Keltenschanze
Beutenstetterhof
Breitlegraben
Sövigraben
Schabringen
Haunsheim
Römerstraße
Schloß
Frauenriedhausen
Donaualtheim
Zwergbach
Pfannental-Haus (Wanderheim)
Birkackerhöfe
Breitlegraben
Veitriedhausen
Hausen
Albhof
Schönemann
Beim hohlen Stein
LAUINGEN (DONAU)
B 16
Ludwigsau
Augraben
Faimingen
Echenbrunn
GUNDELFINGEN
Landgraben

Keltische Viereck-schanze
Rübgarten
Pliez-hausen
Aussichtstu
Reichenbachmühle
Sophienpflege
Einsiedel
Pfrondorf
B464
Alten-burg
Berghof
Lustnau
NSG
Sicken-hausen
Aussichts-turm
Groß-
holz
Kuster-dingen
Kirchen-tellinsfurt
Deger-
schlacht
B27
Wannweil
Betzingen
Schwäbische Dichterstraße
B 28
Waldhörnle
Jettenburg
Wankheim
Schloß
Mähringen
Bläsiberg
REUTLINGEN
Immenhausen
Ohmen-hausen
Stockach
Bahnhof Mähringen
Friedrich-List Hof
Pulvermühle
Natur-theater
Gaisbühl
27
Alteburger Hof
Aussichts-turm
Hinter-weiler
PFULLIN
Schleifmühle
Bronn-weiler
Erlenhof
Eckhof
Weiherh
Gomaringen
Stöffelberg
723
NSG
Gönningen
Gleisberg
NSG
Wiesaz
NSG
Schönberg
801
Roßberg
869
Aussichts-turm
Scheiter hau
Öschingen
Talmühle
Krümlingmühle
Öschenbach
Hirschhäusle
Obere Mühle
Filsenberg
707
NSG
Bolberg
880
Genkingen
Ruine Hohen genkingen
ÖSSINGEN
Bleiche
NSG
Salpeterhaus
Untermühle
Undingen
Obermühle
Heidenburg
857
Segelflug-gelände
Riedernberg
Golfplatz
18
Talheim
Willmandingen
Sonnenbühl
796
Hirschkopf
Steinlach
820

Mittelstadt
B297
12
Riederich
Grafenberg
Kohlberg
Floriansberg
522
B312
Ofer-
dingen
Korrenhof
Kappis-
häusern
Jusiberg
673
Jushof
NSG
Schwäb. Weinstr.
ommels-
bach
Reicheneck
Weimers-
tal
Aussichtsturm
METZINGEN
Orschel-
Hagen
B 28
Neu-
hausen
B 28
D 20
Sondel-
fingen
Roßberg
805
Olgafels
827
Galgenberg
Glems
Grüner
Fels
Grasberg
778
Wolfs-
felsen
Gutenberg
703
NSG
Achalm
Aussichts-
turm
707
Achalm
Aussichts-
turm
Fohlenhof
Geißberg
739
Schafshaus
St.
Johann
Tiergehege
Eninger
Weide
Eningen
Arbachmühle
Albgut
Lindenhof
Talgut
Lindenhof
697
Harret
Urselberg
Mädlesfels
774
Steig
Hau
Übersberg
Übersberg
681
Segelfluggelände
GEN
NSG
Göllesberg
Ernsthaus
Echaz
B312
Stahleck
Ruine
Stahleck
Ruine Greifen-
stein
Schönberg
Aussichts-
turm
798
NSG
Ohnastetten
St. Johann
Unter-
hausen
Lichtenstein
Wackerstein
826
818
Trinkstein
Won
Holzelfingen
Nebelhöhle
Gießstein
Honau
Schwäbische
Albstraße
Hochhart
Goldloch
Traifel-
berg
Schloß
Lichtenstein
Kohlstetten
Schwäbische Dichterstraße
Eichhalde
Wilhelmshof
B312
Naturschutzgebiet
Friedenshütte
Klein-
Groß-
-Engstingen
25
Hochfleck
Schwäbische Albstr.
Bärenhöhle
B312

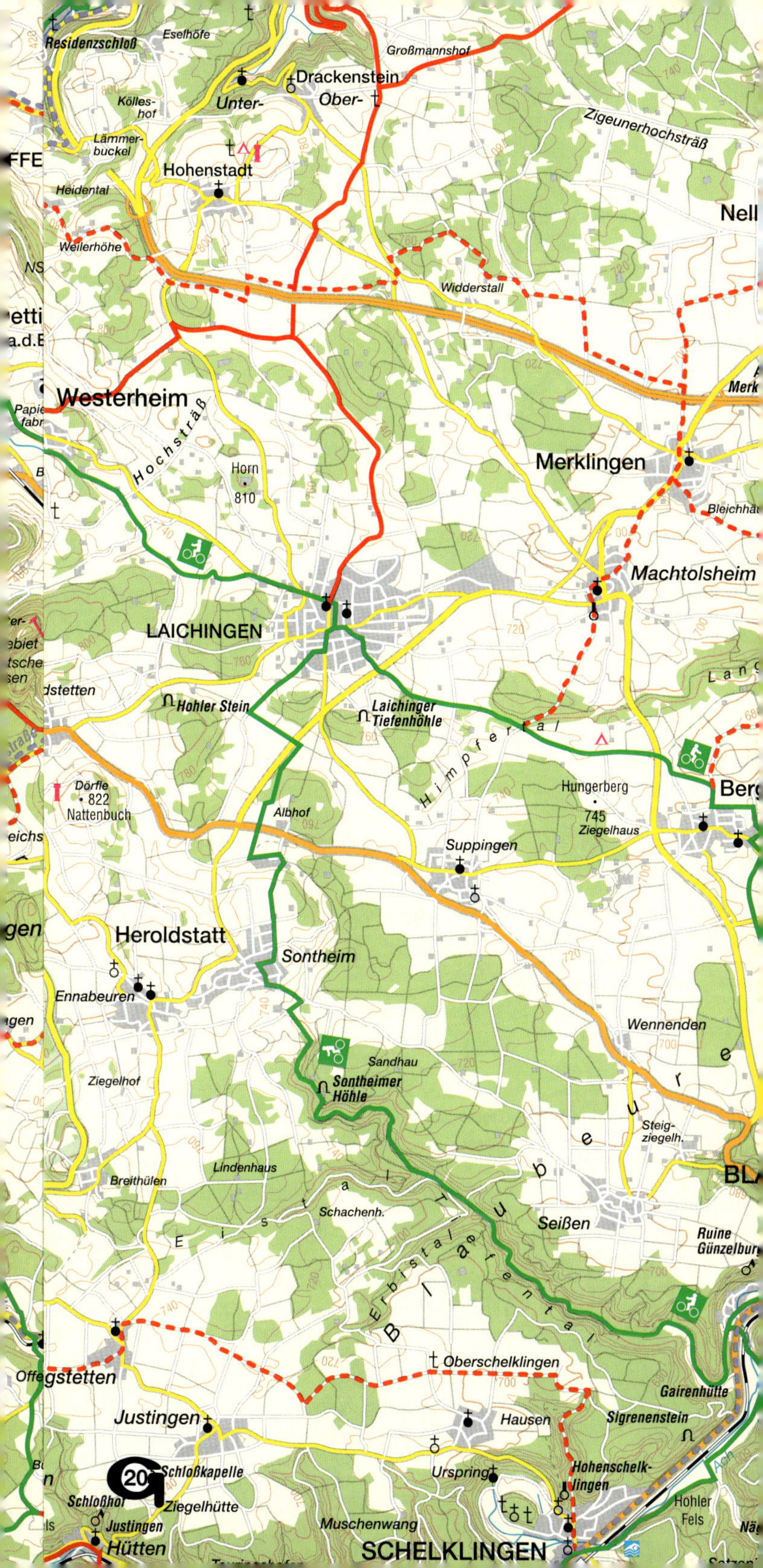

Residenzschloß
Eselhöfe
Großmannshof
Drackenstein
Unter-
Ober-
Kölles-
hof
Lämmer-
buckel
Hohenstadt
Zigeunerhochsträß
Heidental
Weilerhöhe
Nell
Widderstall
Westerheim
Hochsträß
Horn
810
Merklingen
Bleichhau
Machtolsheim
LAICHINGEN
Hohler Stein
Laichinger Tiefenhöhle
Himpfertal
Dörfle
822
Nattenbuch
Albhof
Hungerberg
745
Ziegelhaus
Suppingen
Heroldstatt
Sontheim
Ennabeuren
Wennenden
Ziegelhof
Sandhau
Sontheimer Höhle
Steig-
ziegelh.
Blaubeurer
Breithülen
Lindenhaus
Eistal
Schachenh.
Seißen
Ruine
Günzelburg
Erbistal
Tiefental
Oberschelklingen
Offenstetten
Gairenhütte
Justingen
Hausen
Sigrenenstein
Schloßkapelle
Urspring
Hohenschelk-
lingen
Schloßhof
Ziegelhütte
Hohler
Fels
Justingen
Hütten
Muschenwang
SCHELKLINGEN
20

14
Segelflug-
gelände
Museumsbahn
Reutti
Römisches
Kastell
NSG
Wannenhof
Urspring
Oppingen
Scheintal
Grafenberg
670
Radelstetten
RS
Aichen
Aichen
Luizhausen
Scharenstetten
Denkental
Temmenhausen
Tomerdingen
Treffens-
buch
Heerstraße
Bühlen-
hausen
Bermaringen
Böttingen
Lautertal
Weidacher Haus
Weidach
Hohenstein
Lautern
Lautertal
Distel Haus
Kiesental
Alb
Asch
Hessenhöfe
Wippingen
Oberherr-
tingen
Herr-
lingen
Mähringer
597
BLAUBEUREN
Sonderbuch
Blautopf
Gies-
graben
NSG
Klingen-
stein
Arnegg
Ruine
Rusenschloß
Weiler-
halde
Blau
Dreier Ber
593
Gerhausen
Dietingen
(Hintere)
Gleißenburg
(Vordere)
Markbronn
Harthausen
27
Beiningen
Gleißenburg
Ziegelhof
Allewind
Ermingen
Schaffelkingen

Hermaringen
Ruine Güssenburg
Medlinger Hart
Hürben
Charlotten-höhle
Ruine Kaltenburg
Burgberg
Hürbe
NSG
Straße der Staufer
Schloß Burgberg
Lontal
Brenz
Ober-
Bergenweiler
Sparen-wald
Vogelherdhöhle
Keltische Viereckschanze
Sontheim an der Brenz
Galluskirche
Schloß
Brenz
Schloß
Wallfahrtskirche
Stetten ob Lontal
Bächingen
NIEDERSTOTZINGEN
Schloß
Ober-stotzingen
Schloß
Seehof
Siechenbach
Asselfingen
Schwarzenwang
Riedhausen bei Günzburg
NSG
Bahnhof Rammingen
Donaumoos
B 16
Birkenried
Zankergraben
NSG
Schinkengr.
Roter Graben
Donauer Ried
NSG
Grenzgraben
Landeplatz Günzburg-Donauried
Reisenburger Baggerseen
Neuoffingen
Riedheim
Reisenburg
GÜNZBURG
Kranken-haus
Römerstraße
LEIPHEIM
B 10
Nornheim
Lein-heim
Denzingen
AS 66 Ulm/Leipheim
Bubesheim
Günz
Wasser-burg
B 16
Deffingen
AS 67 Günzburg
Limbach
8
E 52
Echlishausen
Bubesheimer
Bühl
22
Kleinkötz
Großkötz
Ebersbach

Haunsheim
Schloß
Frauenried-hausen
Donau-altheim
Egau
Zwergbach
16
Pfannental-Haus (Wanderheim)
Birkacker-höfe
Breitlegraben
Veitriedhausen
Hausen
DILLIN
an der D
Albhof
Schöne-mann
Beim hohlen Stein
LAUINGEN (DONAU)
B 16
Ludwigsau
Augraben
Faimingen
Echen-brunn
GUNDEL-FINGEN
Brenz
Landgraben
Obere
Helmering
Helmeringen
Haidhof-Siedlung
Untere
Nenningshof
Peters-wörth
Hygstetterhof
Lindenauhof
Wehauhof
Wildenauhof
Schönauhof
Aislingen
Breitwies-Mühle
Rieder
Gund-remmingen
Schloß
Wind-hausen
Baumgarten
Waldkirch
Offingen
Landstrost
Schnutten-bach
Mönstetten
Dürrlauingen
Mindel
Lüßhof
Kammlach
Winterbac
Mindelaltheim
Rettenbach
Eichen-hofen
Hafen-
Mehren-stetten
Remshart
Ried-Mühle
Hart-hausen
Konzen-berg
Schloß
Klein-anhausen
Haldenwang
Unter-
BURGAU
Groß-
knöringen
Roßhaupten
Nußlachhof
Ober-
Burgau
Röfingen
Unterwaldbach
RS Burgauer See
Burgauer See
Hammerstetten
8
AS 69 Burgau
Scheppacher Mühle
Scheppach
Allerheiligen

Talmühle
NSG
Hohenzollernstraße
Museumsbahn
Karlstal
Schloß
Seehof
Rangendingen
Stauffenburger Hof
HAIGERLOCH
Weinberg
NSG
536
Schwarze Wald
577
Owinger Berg
622
Stetten
Salzwerk
Weilheim
Hospach
Eyach
Dießenbach
Oberer Homburger hof
Alter Berg
Grosselfingen
NSG
Owingen
NSG
Ruine Haimburg
Weiler Kirche
Warrenberg
605
NSG
Gipsmühle
Hohenzollernstr.
Talbach
Bisinger Berg
Steinhofen
Gießmühle
Mittelsbach
Böllatmühle
Wanderheim
Klingenbach
B 27
Ostdorf
Erlaheim
580
NSG
GEISLINGEN
Holderhof
Engstlatt
560
Hohenzollernstr.
Schießhaus
Heselwangen
BALINGEN
Schloß
Bronnhaupten
Kellerleshof
Höchst
803
Zillhausen
Erzingen
Kutzmühle
Eyach
Bollbach
Frommern
Wasserfall
Riedbach
Endingen
Stockenhausen
Weilbach
Dürrwangen
Hohenzollernstr.
Roßwangen
Wannental
Maienwiesle
Ruine Schalksburg
Ziegelhütte
Weilstetten
Dotternhausen
Hörnle
Laufen
963
Lochenstein
956
NSG
B463
Plettenberg
1002
NSG
Schafberg
987
Oberhausen
Grat
943
NSG
Gräbelesberg
915
Schanze
Tieringen
Steinbach
NSG
Ratshausen
24
Hausen am Tann
974
Baienberg
Schlichem
NSG
Obere Bära
Heidenhof
B462

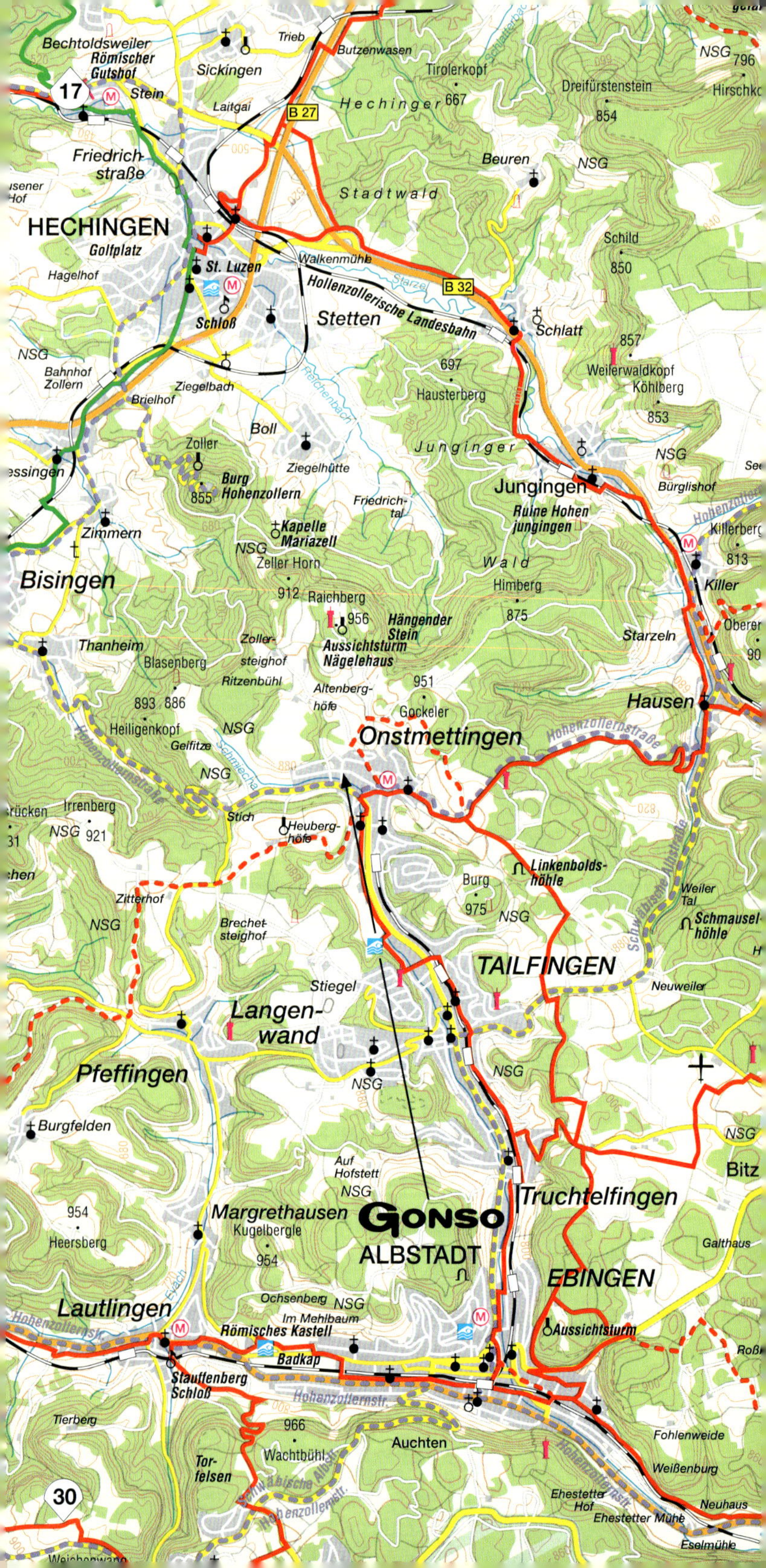

Bechtoldsweiler
Römischer Gutshof
17
Stein
Trieb
Sickingen
Laitgai
Butzenwasen
B 27
Tirolerkopf
667
Hechinger
Dreifürstenstein
854
NSG
796
Friedrichstraße
Beuren
NSG
Stadtwald
HECHINGEN
Golfplatz
Hagelhof
St. Luzen
Walkenmühle
Starzel
B 32
Schild
850
Schloß
Stetten
Hohenzollerische Landesbahn
Schlatt
857
Weilerwaldkopf
Köhlberg
853
NSG
Bahnhof Zollern
Brielhof
Ziegelbach
697
Hausterberg
Reichenbach
Boll
Zoller
Ziegelhütte
Junginger
NSG
Bürglishof
Jungingen
855
Burg Hohenzollern
Friedrichtal
Ruine Hohenjungingen
Zimmern
Kapelle Mariazell
Killerberg
813
NSG
Zeller Horn
Wald
Himberg
Killer
Bisingen
912
Raichberg
875
956
Hängender Stein
Oberer
Thanheim
Zollersteighof
Aussichtsturm Nägelehaus
Starzeln
Blasenberg
Ritzenbühl
951
Altenberghöfe
Hausen
893
886
Gockeler
Heiligenkopf
NSG
Onstmettingen
Hohenzollernstraße
Gelfitze
Schmiecha
NSG
Irrenberg
NSG
921
Stich
Heuberghöfe
Linkenboldshöhle
Burg
975
NSG
Weiler Tal
Zitterhof
Schmauselhöhle
NSG
Brechetsteighof
Schwäbische Albstraße
TAILFINGEN
Stiegel
Neuweiler
Langenwand
Pfeffingen
NSG
NSG
Burgfelden
NSG
Auf Hofstett
Bitz
NSG
Truchtelfingen
954
Heersberg
Margrethausen
Kugelbergle
GONSO
ALBSTADT
954
Galthaus
Lautlingen
Ochsenberg
NSG
EBINGEN
Im Mehlbaum
Hohenzollernstr.
Römisches Kastell
Aussichtsturm
Badkap
Stauffenberg Schloß
Hohenzollernstr.
Tierberg
966
Auchten
Fohlenweide
Wachtbühl
Torfelsen
Weißenburg
30
Schwäbische Albstr.
Hohenzollernstr.
Ehestetter Hof
Neuhaus
Ehestetter Mühle
Eselmühle

Bühlhütte
Marbach an der Lauter
Haupt- und Landesgestüt
Schelmenbühl
Dapfen
Pfaffental
Ölmühle
Wasserstetten
Hochberg
794
Galgenberg
Butt
Ottilienloch
NSG
Blankenstein
Schachen Wanderheim
Eglingen
Fladhof
Lindehof
740
Ödenwaldstetten
hohenstein
NSG
Krähberg
Hundersingen
Ludwigshof
Horn
802
Weidental
Steighof
Maßhalderbuch
Ehestetten
Gundelfinger
Oberstetter Tal
NSG
Hausberg
794
Münzdorf
Maxfelden
Zwiefalter Alb
Aichelau
Inde
Gerberhöf
Hayinger Brücke
Feriendorf
Aichstetten
Bärenhöhle
stetten
St.-Georgen-Hof
Alt-Ehrenfels
Schloß Ehrenfels
Tigerfeld
Friedrichshöhle
Wimsen
Sonder
Loretto
Huldstetten
Gossenzugen
Gauingen
Zwiefalter Ach
Bühlhof
Geisingen
Kloster
Zwiefalte
Münster
Buchwald
Hochberg
Ohnhülben
NSG
Upflamör
Mörsingen
Attenhöfe
Aussichtsturm
Dürrenwaldstetten
Rappenstein
Walterhütte
Kleine Heuneburg (Vorgeschichtliche Befestigung)
Reifersberg
773
Bec
26

Apfelstetten
19
Oberheutal
Greut
Mehrstetten
Ziegelhof
Springen
Gundershofen
Schmiech-quelle
Schmiech
Uhufels
Riedmühle
Sondernach
Unterheutal
Bahnhof Mehrstetten
Fohlenhof
Karlshof
Haldenegg
nur Güterverkehr
Luthe
Heuhof
Tiefenhülen
Bremelau
Grötzinge
Hohen-hundersingen
Schwäbische Dichterstraße
Bichlshausen
Dürrenstetten
Frankenhofen
Geißbühlhütte
Spitzer Stein
Hohen-gundelfingen
Wittstaig
ehemaliger Hof
Wallenstetten
Kochstetten
Dächingen
Bettelmannshöhle
Granheim
Langes Tal
Altsteußli
Hülbenhof
Hochdorf
ehemalige Burg
Anhausen
Schülzburg
Ringwall
Maisenburg
Mundingen
Erbstetten
Landgericht
Vogelhof
Gemsfels
Wartstein
YINGEN
Kirchen
St. Ruprecht
Monsberg
Unterwilzingen
Mochental
Wälle
Laufenmühle
Bärenhöhle
Sauberghütte
Oberwilzingen
Reichenstein
Lauterach
Hochberg
661
Bettelhöhle
Schwäbische Dichterstraße
Oberschwäbische Ba
Talheim
Neuburg
Rechtenstein
Brühlhof
Alfredstal
Kloster
ehemaliges Kloster
Ober-
Unter-
marchtal
Frauen
Emeringen
ehemalige Altenburg
Algershofen
Emerberg
704
Mittenhausen
Gütelhofen
Keltische Viereckschanze
Soldaten-friedhof
Zwiefaltendorf
NSG
Marchbach
Luppenhofen
Hassenberg
Datthausen
ehemalige Burg
Zell
Reutlingendorf
32
Schupfenberg
Oberwachingen
NSG

Allewind
Ermingen
Butzental
Oberer Kuhberg
Schaffelkingen
Lindenhöhe
Grimmelfingen
Donau-Kraftwerk Ulm-Wiblingen
Illerbrücke
Iller
Donautal
ehemaliges Kloster
Einsingen
NSG
Wiblingen
Wernau
Burren
Gögglingen
Unterkirchberg
Donau
Donaustetten
Fischbach
Unterweiler
Gemeinde
Schloß
Bade-see
Riedmühle
Iller-kirchberg
Ober-kirchberg
Harthausen
Essendorf
Altheim
Staig
Dellmensingen
Stein-berg
Humlangen
Ölsberg
537
Schmiechen
Weinstetten
Oberschwäbische Barockstraße
Hüttisheim
Ammerstetten
Stetten
Kugelberg
546
Achstetten
Schnürpflingen
Rot
Oberholzheim
Beuren
Bihlafingen
Schloß
Holzmühle
Mönchhöfe
Bronnen
Burgrieden
LAUPHEIM
Bürghöfe
Hochstetten
Grubach
Rot
Villa Fugger
Bühl
ehemalige Burg
Sießen im Wald
Orsenhausen
Holzstöcke
Baustetten
Schloß
Jetzhöfe
Harthöfe
Bußmanns-hausen
Weihung
Walpertshofen
Groß-
Oberschwäbische Barockstraße
Genossenschafts-mühle
Klein-
28

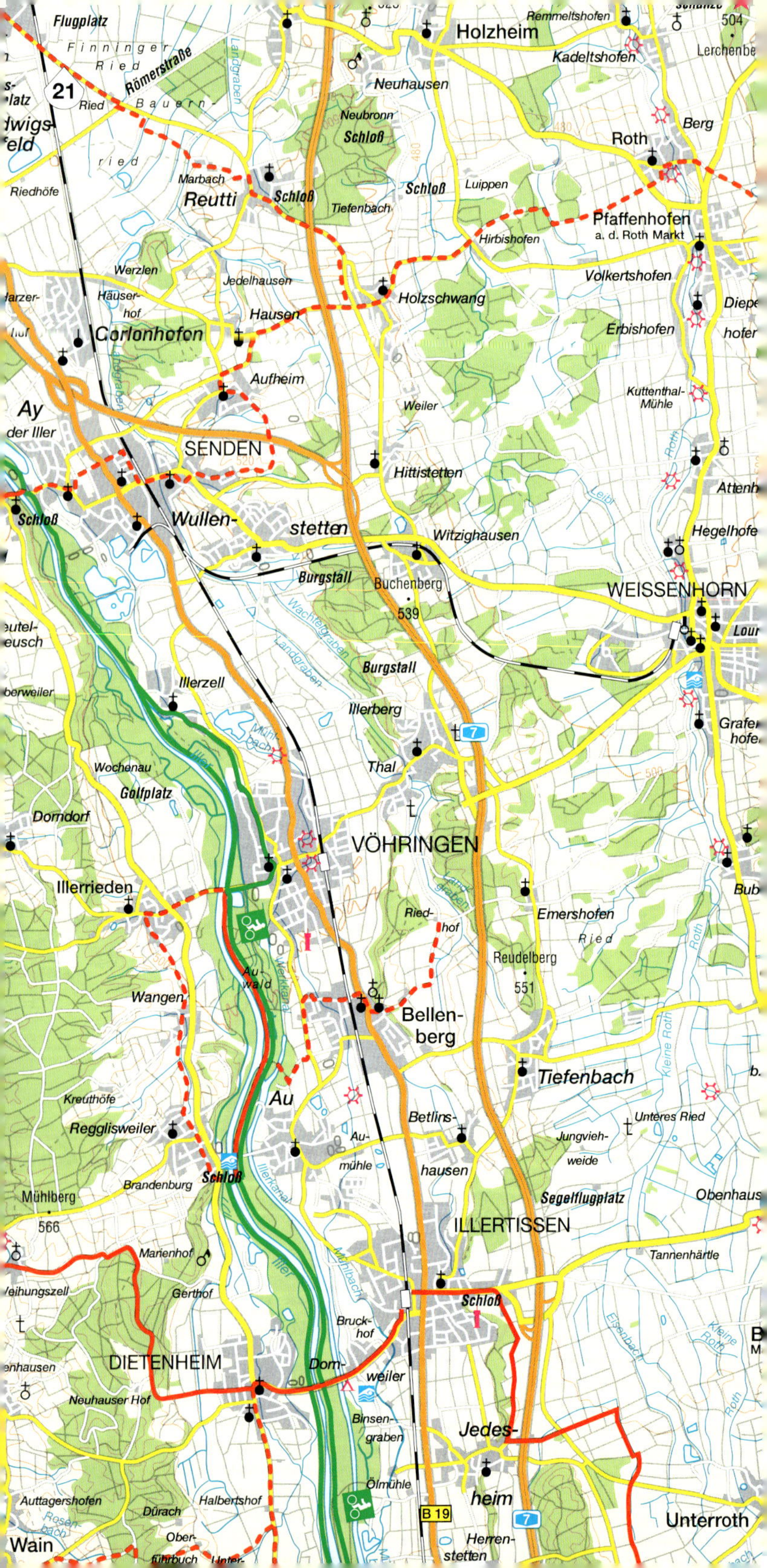

Flugplatz
Finninger Ried
Römerstraße
21
Bauern-ried
Holzheim
Remmeltshofen
Kadeltshofen
Lerchenberg
504
Neuhausen
Neubronn
Schloß
Roth
Berg
Marbach
Reutti
Schloß
Tiefenbach
Schloß
Luippen
Riedhöfe
Pfaffenhofen a. d. Roth Markt
Hirbishofen
Werzlen
Jedelhausen
Holzschwang
Volkertshofen
Häuser-hof
Hausen
Corlonhofen
Erbishofen
Aufheim
Ay der Iller
SENDEN
Weiler
Kuttenthal-Mühle
Hittistetten
Schloß
Wullen-stetten
Witzighausen
Hegelhofen
Burgstall
Buchenberg
539
WEISSENHORN
Burgstall
Illerzell
Illerberg
7
Thal
Wochenau
Golfplatz
Dorndorf
VÖHRINGEN
Illerrieden
Ried-hof
Emershofen
Ried
Reudelberg
551
Wangen
Au-wald
Bellen-berg
Tiefenbach
Kreuthöfe
Au
Betlins-hausen
Unteres Ried
Regglisweiler
Au-mühle
Jungvieh-weide
Schloß
Brandenburg
Segelflugplatz
Obenhausen
Mühlberg
566
ILLERTISSEN
Marienhof
Tannenhärtle
Gerthof
Schloß
Bruck-hof
DIETENHEIM
Dom-weiler
Neuhauser Hof
Binsen-graben
Jedes-heim
Ölmühle
Auttagershofen
Dürach
Halbertshof
B 19
7
Unterroth
Wain
Ober-fuhrbuch
Herren-stetten

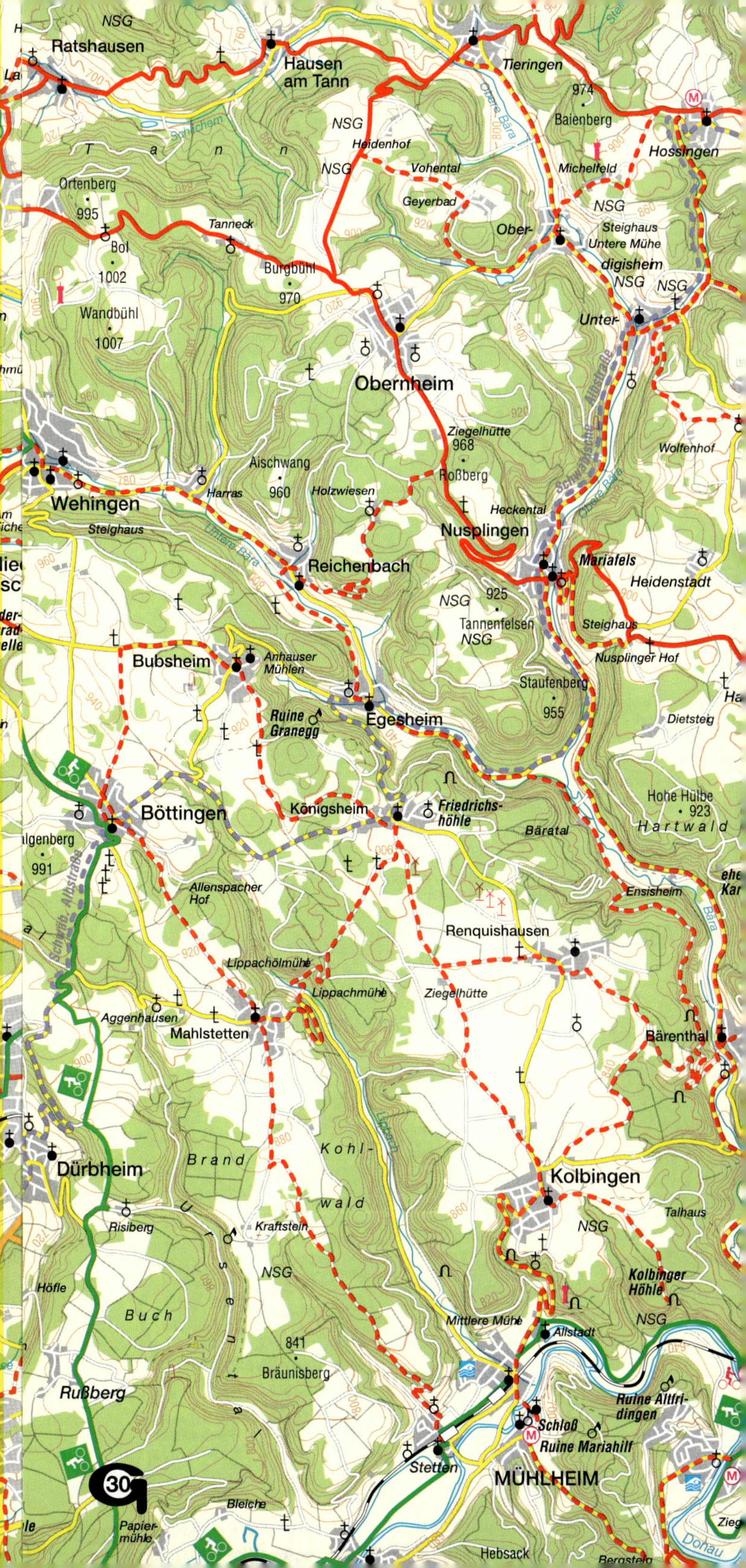
Ratshausen
Hausen am Tann
Tieringen
Baienberg 974
Hossingen
Michelfeld
Heidenhof
Vohental
Geyerbad
Ober-digisheim
Steighaus
Untere Mühe
Unter-
NSG
Ortenberg 995
Bol 1002
Wandbühl 1007
Tanneck
Burgbühl 970
Obernheim
Ziegelhütte 968
Roßberg
Wolfenhof
Aischwang 960
Holzwiesen
Harras
Wehingen
Steighaus
Untere Bära
Obere Bära
Schwäbische Albstraße
Reichenbach
Nusplingen
Heckental
Mariafels
Heidenstadt
Steighaus
Nusplinger Hof
Tannenfelsen 925
Staufenberg 955
Dietsteig
Bubsheim
Anhauser Mühlen
Ruine Granegg
Egesheim
Böttingen
Königsheim
Friedrichshöhle
Bärental
Hohe Hülbe 923
Hartwald
Ensisheim
Allenspacher Hof
Renquishausen
Lippachölmühle
Lippachmühle
Ziegelhütte
Aggenhausen
Mahlstetten
Bärenthal
Dürbheim
Brand
Kohlwald
Kolbingen
Talhaus
Risiberg
Kraftstein
Kolbinger Höhle
Höfle
Buch
Ursental
Mittlere Mühle
Allstadt
841 Bräunisberg
Rußberg
Schloß
Ruine Mariahilf
Ruine Altfridingen
Stetten
MÜHLHEIM
Bleiche
Papiermühle
Hebsack
Bergsteig
Donau
30

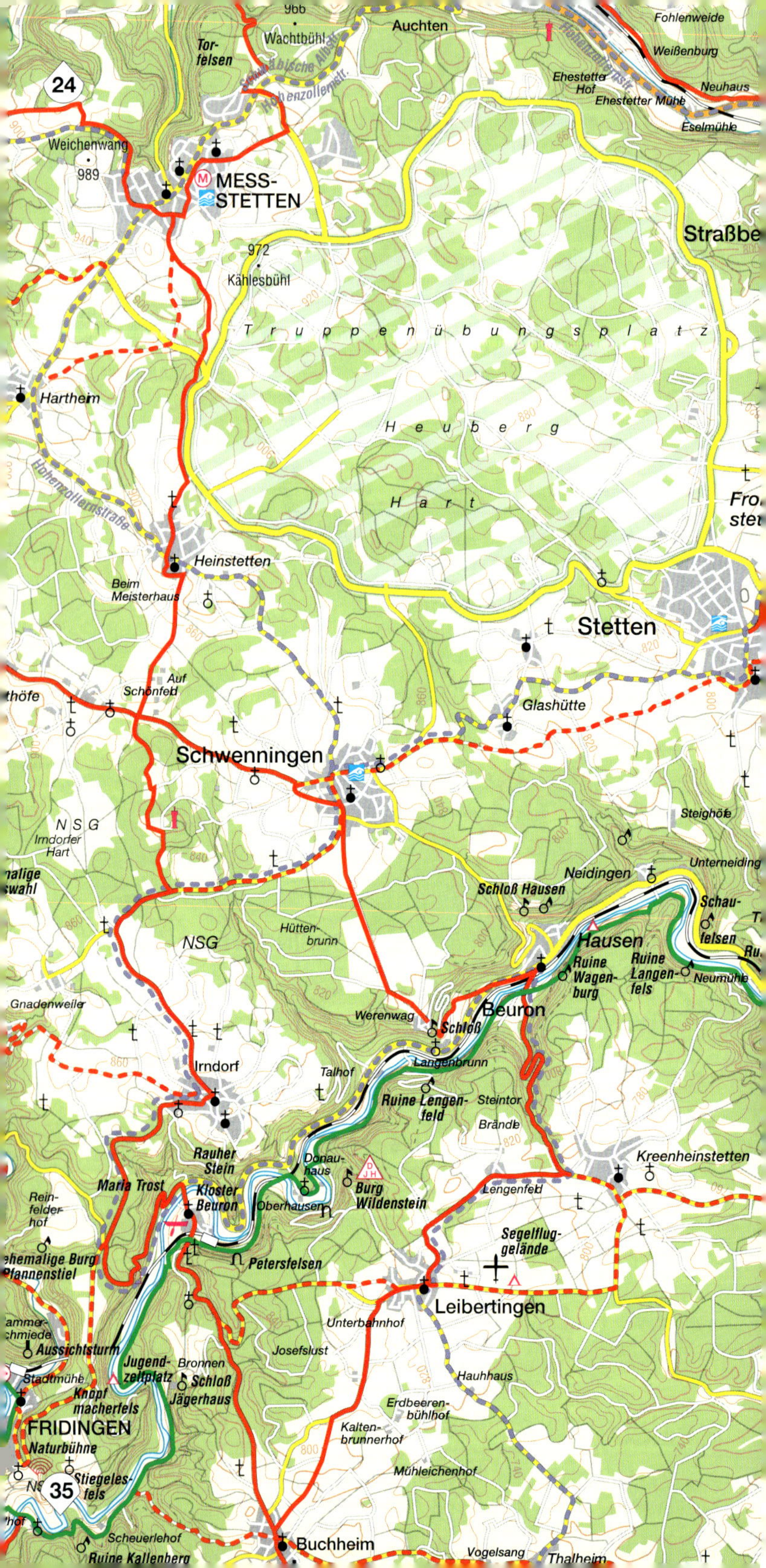

24
Wachtbühl
Auchten
Torfelsen
Schwäbische Albstr.
Hohenzollernstr.
Fohlenweide
Weißenburg
Neuhaus
Ehestetter Hof
Ehestetter Mühle
Eselmühle
Weichenwang
989
MESS-STETTEN
972
Kählesbühl
Straßbe
Truppenübungsplatz
Heuberg
Hart
Hartheim
Hohenzollernstraße
Heinstetten
Beim Meisterhaus
Stetten
Glashütte
Auf Schönfeld
Schwenningen
NSG
Irndorfer Hart
Steighöfe
Unterneiding
Neidingen
Schloß Hausen
Hausen
Schaufelsen
Ruine Wagenburg
Ruine Langenfels
Neumühle
Hüttenbrunn
Gnadenweiler
Werenwag
Schloß
Beuron
Langenbrunn
Irndorf
Talhof
Ruine Lengenfeld
Steintor
Brände
Kreenheinstetten
Rauher Stein
Maria Trost
Kloster Beuron
Donauhaus
Oberhausen
DJH
Burg Wildenstein
Lengenfeld
Reinfelderhof
ehemalige Burg Pfannenstiel
Petersfelsen
Segelfluggelände
Leibertingen
Unterbahnhof
Josefslust
Aussichtsturm
Bronnen
Jugendzeltplatz
Schloß Jägerhaus
Stadtmühle
Knopfmacherfels
FRIDINGEN
Naturbühne
Stiegelesfels
35
Hauhhaus
Erdbeerenbühlhof
Kaltenbrunnerhof
Mühleichenhof
Scheuerlehof
Ruine Kallenberg
Buchheim
Vogelsang
Thalheim

Dürrenwald-
stetten
Rappenstein
Walterhütte
Kleine Heuneburg
(Vorgeschichtliche
Befestigung)
Reifersberg
773
Tautschbu
Bech
Friedingen
Pflummern
Grüningen
Alte Burg
(Vorgeschichtliche
Befestigung)
Runsmühle
Schloß
Vöhrin
Hof
Berghof
Österberg
652
NSG
Langen-
enslingen
RIEDLINGEN
Sandhof
Andelfingen
Biberbach
Römische
Mauerreste
Wilflingen
Altheim
Heiligkreuztal
Enhofen
Schanze
ehemaliges Kloster
Eisighof
Schanze
Waldhausen
Schwarzach
Schanze
Landauhof
Höllsäge
Binzwangen
Ertingen
Riedmühle
Heuneburg
(Vorgeschichtliche
Befestigung)
Wiedhauhütte
Dollhof
Hoh-
michele
Schanze
Stiller G
NSG
Soppenbach
Talhof
Baumburg
Beuren
Hundersingen
Schwarzach-
talsee
Donau
Talmühle
Blochingen
Schaupenkapelle
Ölmühle
Marb
Bahnhof
Herbertingen
Armbruster
Ostrachmühle
Herbertingen
Lourdeskapelle
Ostrach
Mieterkingen
Stettber
Riedsäge
Hammerschmiedmühle
Burg-
wald
Riedmühle
Schwarzach
Lindenmühle
Beizkofen
Ölkofen
Hagelsburg
Schönhalder
Hof
Franzenmühle
Neumühle
Bremen
Hohentengen
Gög
Ziegelhütte
Fulgenstadt
Enzkofen
Eichen
32
Notzenmühle
Günzhofen
Thermalbad
Ursen-
dorf
Völlkofen
Holzmühle
SAULGAU
Wagenhausen

Zell
26
Reutlingendorf
Unterwachingen
Schupfenberg
NSG
Dobel
Oberwachingen
Fischersmühle
Dietelhofen
Dieterskirch
Diemershausen
Herlighofen
Möhringen
Uigendorf
Schwäbische Dichterstraße
Unlingen
Buchay
Aderzhofen
Sauggart
Bussen
767
Eichenau
Offingen
Runkenmühle
Göffingen
Uttenweiler
Dentingen
Kanzach
Hailtingen
Oberschwäbische Barockstraße
Tirolers Käppele
Heudorf
Bischmannshausen
Burgau
Minderreuth
Wolfartsmühle
Betzenweiler
Brasenberg
Dürmentingen
Schule
Fasanenhof
Seelenwald
Alleshausen
Naturschutzgebiet
Neuhaus
Brackenhofen
Seelenwald
Vollochmühlen
Moosburg
Dürmentinger Wald
Federsee
Kanzach
Seelenhof
Blinder See
NSG
Federseeried
Oggelshausen
Vollochhof
Kappel
Ruh-Christi-Kapelle
BAD BUCHAU
Nonnenweiler
Dürnau
Hausee
Kleintissen
Großtissen
Bruchhof
Adelindenkapelle
Krumbach
Moosheim
Figels
Henauhof
Bierstetter Bach
Braunenweiler
Ottobeurer Hof
Engenweiler
Unter-
eggatsweiler
Ober-
Bernhausen
Daiberhaus
Allmannsweiler
Michelshof
Bondorf
Kammerhof
Am Schorren
Keltische Viereckschanze
Reichenbach
37
Ziegelhof
St. Ottilienkapelle
Steinbronnen
Bierstetten

Waldkaffee
Obere-
Mühle
Untere
Kötach
Birken-
hof
Halden-
wald
B523
Talheim
B 27
E531
Hirschhalde
Sunthausen
864
E531
Öfingen
Biesingen
81
E 41
Heidenhofen
Aasen
Ober-
baldingen
Unter-
Blatthalde-
haus
Talbach
Talhof
Golfplatz
Immenhöfe
Torhäusle
Jägerhaus
Unter-
hölzer
Espenhöfe
B 33
Pfohren
Naturschutzgebiet
NSG
ehemalige
Ehrenburg
Dreilärchen
Donau
Auf Teil
Wartenberg
Schloß
GEISINGEN
E 41
B 31
Neudingen
Sumpfohren
Mariahof
Gutmadingen
Gnadental
Pfaffental
Schächer
Fürstenberg
Aufingen
Länge
ehemaliges
Schloß
Länge
B 27
Ried-
böhringen
Aitrach
Hondingen
Längehaus
Eichberg
896
Bleiche
Homberghof
Schabel-
höfe
BLUM-
BERG
NSG
Steppach
Ried-
öschingen
Tengertalhof
NSG
Berghof
34
Zollhaus
Randen-
steig
Buchberg

Aussichtsturm
Lupfen
Ziegelhütte
Oberflacht
Kirchberg
Seitingen-Oberflacht
Weilheim
ehemalige Burg Fürstenstein
29
Seitingen
B 14
Krähenbach
Oberer Berg
926
Obere Mühle
Nonnenhöhle
Papiermühle
Götzenlocher Hof
Bruckmühle
Unterer Berg
871
Untere Mühle
Wurmlingen
B523
Elta
B 14
Eßlingen
B523
Ruine Konzenberg
Ippingen
Eßlinger Mühle
ehemalige Heidenburg
Ippinger Mühle
Talbach
Lindenhof
Möhringer Berg
Vorstadt
Möhringen
Bachzimmern
Wanderheim
B311
Amtenhauser Berg
Amtenhausen
Hasseln
Immendingen
Amtenhauser Bach
Säge
Versick.-stellen
Brunnen
Engelbertshof
Zimmern
Riedhof
Witthoh
B311
Versick.-stellen
Donau
Radler-campingplatz
Hintschingen
Hattingen
Gundelhof-Hewenegg
Hausen
NSG
Ruine Hewenegg
Kirchen
Ruine Sunthausen
Daxmühle
Haslerhof
Güterverkehr
Mauenheim
N
S
G
B 31
Immensitz
81
E 41
Bargen
Talmühle
Spitzenhof
Schanzengrundhof
Neuhewen
867
Eichenberg
Schopflocherhof
B 31
Talbach
B491
Stetten
Neubrunnerhof
NSG
NSG
Leipferdingen
Zimmerholz
Weberhof
Bucherhof
Aspen
Bisberg
767
Hauserhof
Wolfsgrube
Haldenhof
ENGEN
Anselfingen
NSG
Längenriederhof
Hohenhewen
Hohenhewen
Watterdingen
NSG
846
Neuhausen
Rotenbühlerhof
Wannenhof
Weingarten
Gefällhof
Ehingen

Stengelehof
Rohrdorf
B313
Menningen
Igelswies
Leitis-
hofen
B311
Ablach
Heudorf
MESSKIRCH
Schloß
Mettenbach
Ringgenbach
Buffenhofen
Forst
Schnerkingen
Dietershofen
Fischweiher
Preußenhofen
Krumbach
Unter-
bichtlingen
Ober-
bichtlingen
Wald
Rengets-
weiler
Reute
Wackershofen
Leopoldswald
Ringgenbach
Walberts-
weiler
Hardhöfe
An der
Säge
Im
Bennerget
Geigerhof
Sauldorf
Burraum
Steig-
herrhof
In
Eichelenäcker
Rast
Wald
Becker-
höfe
Bethlehem
Bennehöfe
Ried-
bauernhof
Hippetsweiler
Roth
Kögelhof
Forst
stillgelegt
Steckeln
Rother Platz
Riedets-
weiler
Rothen-
lachen
NSG
Sattelöse
Senten-
hart
Neuhof
Halden-
hof
Käser-
nen
Aach-
Ruhestetten
Geyerhof
Mindersdorf
Hohenzollernstraß
Bohlerhöfe
Aach
Untere
Mühle
Sahlenbach
Klein-
karlsruhe
Ratzenweiler
Weiherhöfe
Mühlhausen
Hohenfels
Liggersdorf
Selgetsweiler
Albenweiler
Schernegg
Loghöfe
Vogelsang
Rappenhof
Kalkofen
Schlosser
Ebratsweiler
Herdenbach
Oberer
Nußerhof
Unterer
Herdwangen-
Schönach
Mahl-
spüren
im Tal
Hohenfels
Oberndorf
Im-
Schmalzbühl
Herdwangen
Waldhof
Neumühle
Breiten-
erlen
Heggel-
bach
Vorstatt
Seelfingen
Schwende
Walperts-
weiler
Waldsteig
Im Heidebühl
Veitsmühle
Höllstein
Happenmühle
Beurenhof
Oberfrick-
hof
Wälde
Homberg
36
Bonndorf
Neuhof
Nassental
Nieder-
weiler
Pfaffen-
bühl

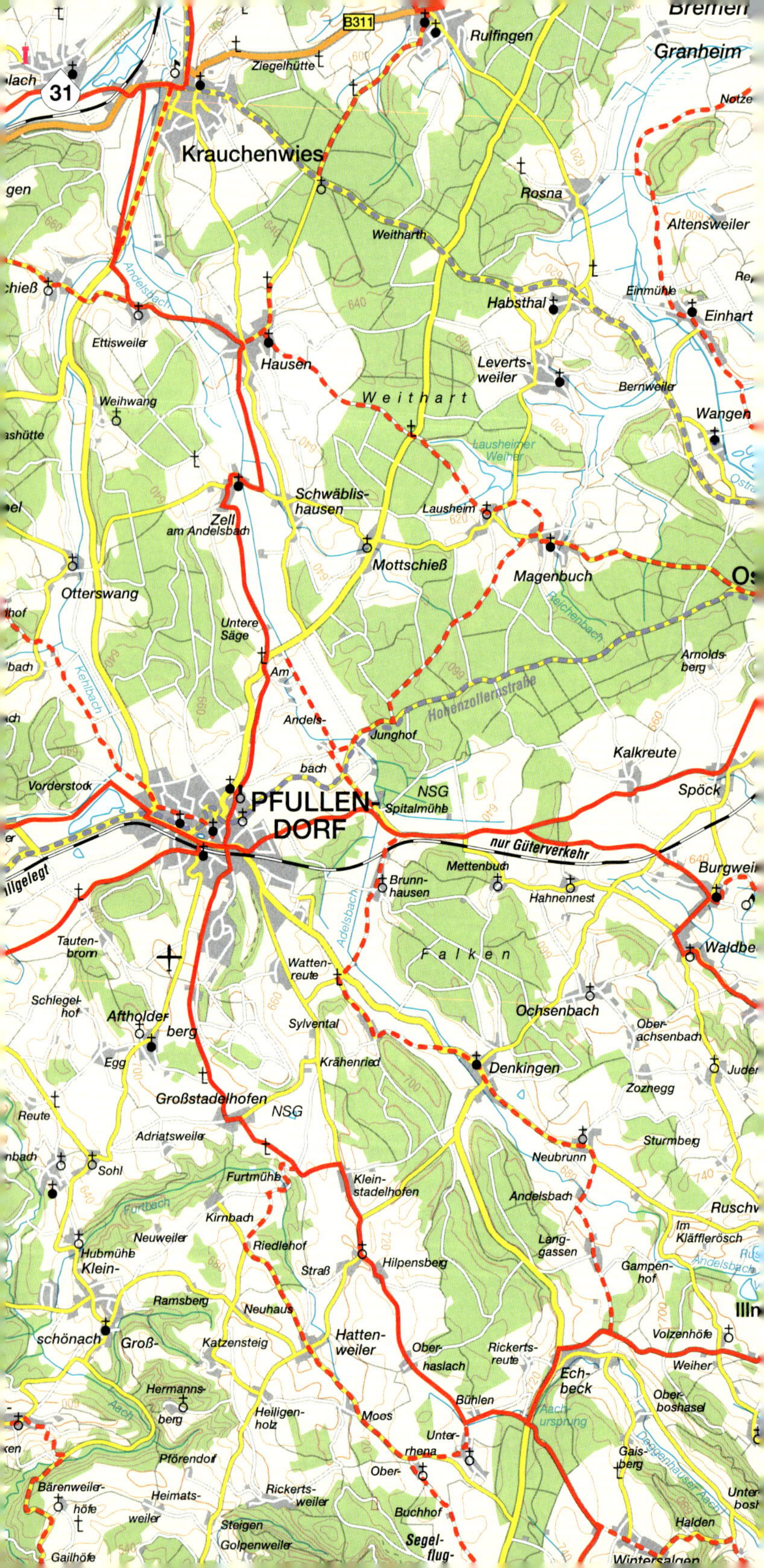

B311
Rulfingen
Bremen
Granheim
31
Ziegelhütte
Krauchenwies
Rosna
Altensweiler
Weitharth
Habsthal
Einmühle
Einhart
Andelsbach
Ettisweiler
Hausen
Leverts-
weiler
Bernweiler
Weihwang
Weithart
Wangen
Lausheimer
Weiher
Schwäblis-
hausen
Zell
am Andelsbach
Lausheim
Mottschieß
Magenbuch
Otterswang
Reichenbach
Untere
Säge
Arnolds-
berg
Kehlbach
Am
Andels-
bach
Hohenzollernstraße
Junghof
Kalkreute
Vorderstock
NSG
PFULLEN-
DORF
Spitalmühle
Spöck
nur Güterverkehr
Mettenbuch
Burgweil
Brunn-
hausen
Hahnennest
Tauten-
bronn
Falken
Waldbe
Schlegel-
hof
Watten-
reute
Ochsenbach
Aftholder
berg
Sylvental
Ober-
achsenbach
Egg
Krähenried
Denkingen
Juder
Zoznegg
Reute
Großstadelhofen
NSG
Adriatsweiler
Neubrunn
Sturmberg
Sohl
Furtmühle
Klein-
stadelhofen
Andelsbach
Furtbach
Kirnbach
Lang-
gassen
Im
Kläfflerösch
Hubmühle
Neuweiler
Riedlehof
Klein-
Straß
Hilpensberg
Gampen-
hof
Ramsberg
Neuhaus
schönach
Groß-
Katzensteig
Hatten-
weiler
Ober-
haslach
Rickerts-
reute
Ech-
beck
Volzenhöfe
Weiher
Hermanns-
berg
Heiligen-
holz
Moos
Bühlen
Aach-
ursprung
Ober-
boshasel
Aach
Unter-
rhena
Pförendorf
Ober-
Gais-
berg
Deggenhauser Aach
Bärenweiler-
höfe
Heimats-
weiler
Rickerts-
weiler
Buchhof
Unter-
bosh
Steigen
Golpenweiler
Segel-
flug-
Halden
Gailhöfe
Wintersulgen

Touristische Routen Schwäbische Alb

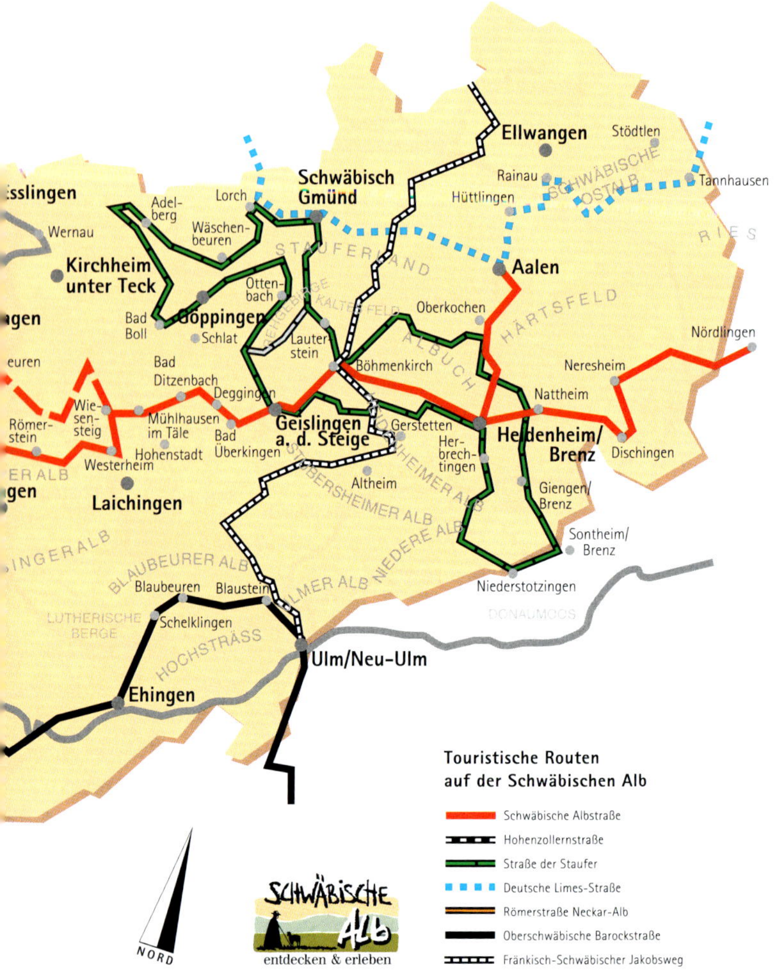

Touristische Routen
auf der Schwäbischen Alb
Schwäbische Albstraße
Hohenzollernstraße
Straße der Staufer
Deutsche Limes-Straße
Römerstraße Neckar-Alb
Oberschwäbische Barockstraße
Fränkisch-Schwäbischer Jakobsweg
Ellwangen
Stödtlen
Rainau
Tannhausen
Hüttlingen
SCHWÄBISCHE OSTALB
RIES
Schwäbisch Gmünd
Lorch
Adelberg
Wäschenbeuren
Wernau
Kirchheim unter Teck
STAUFERLAND
Aalen
Ottenbach
Göppingen
Bad Boll
Schlat
Oberkochen
HÄRTSFELD
Nördlingen
Lauterstein
Böhmenkirch
ALBUCH
Neresheim
Bad Ditzenbach
Deggingen
Nattheim
Wiesensteig
Römerstein
Mühlhausen im Täle
Geislingen a. d. Steige
Gerstetten
Heidenheim/Brenz
Dischingen
Bad Überkingen
Hohenstadt
Westerheim
Herbrechtingen
Altheim
Giengen/Brenz
Laichingen
STUBERSHEIMER ALB
Sontheim/Brenz
NIEDERE ALB
BLAUBEURER ALB
Niederstotzingen
Blaubeuren
Blaustein
DONAUMOOS
LUTHERISCHE BERGE
Schelklingen
HOCHSTRÄSS
Ulm/Neu-Ulm
Ehingen
NORD
SCHWÄBISCHE Alb
entdecken & erleben

Ortsbeschreibungen
(mit Angabe der entsprechenden Kartographieseiten)

73430 Aalen 10

Aalen ist Sitz des Ostalbkreises, wichtiger Wirtschaftsstandort und Verkehrsknotenpunkt, Mittelpunkt der Naherholungs- und Ferienregion Ostalb-Limes (östliche Schwäbische Alb). Bereits um 150 n. Chr. war Aalen römische Garnisonsstadt und erlangte 1360 die Reichsunmittelbarkeit.

Lage und Landschaft: Kreisstadt des Ostalbkreises in der Region Ostwürttemberg, Schwäbische Alb
Höhe: 375 - 733 m ü. NN
Gewässer: Kocher
Naturschutzgebiete: Dellenhäule (Wacholderheide)
Geologische Besonderheiten: Besucherbergwerk „Tiefer Stollen"
Gästebetten: 1200
Wahrzeichen: Aalener Spion

Baudenkmale:
St. Johann-Kirche (10./11.Jh.), Altes Rathaus (17. Jh.), historische Altstadt mit Fachwerkfassaden, Stadtkirche mit Gemälden von Anton Wintergerst, Wallfahrtskirche Unterkochen (14.bzw. 18. Jh.), Wasseralfinger Schloss, St. Stephanskirchle mit Schaffneraltar

Museen und sonstige Sehenswürdigkeiten:
Limesmuseum Aalen (Darstellung des römischen Militär- und Zivilwesens in Südwestdeutschland), Urweltmuseum Aalen (Erd- und Landschaftsgeschichte der Ostalb), Museum Aalen-Wasseralfingen (Stadtgeschichte, Kunst, Technik), Heimat- und Schubartmuseum (Fayencen / Porzellan, Leben und Werk von Ch. Fr. Daniel Schubart), Besucherbergwerk „Tiefer Stollen" Aalen-Wasseralfingen (Eisenerzbergbau und Verhüttung)

Touristik-Service, Marktplatz 2, 73430 Aalen
Telefon: 07361/52-2358, Fax: 07361/52-1907
Internet: www.aalen.de, e-mail: stadt.aalen@t-online.de

73453 Abtsgmünd 10

Kaum eine Landschaft kann so viel natürliche Erholung bieten wie Abtsgmünd. Mit den fünf weiteren Ortschaften Hohenstadt, Laubach, Neubronn, Pommertsweiler, Untergröningen, sowie 40 kleineren Weilern vermittelt diese Landschaft eine unvergleichliche Vielfalt an Eindrücken. Weite Hochflächen, sanfte oder steilere Anstiege, herrliche Aussichten, Schlösser, der Hammerschmiedesee mit Campingplatz, der älteste barocke Heckengarten Europas, Kirchen und Kapellen, Wiesen und weit ausgedehnte Wälder, Bauernhöfe und idyllische Ortschaften oder Flussläufe. Abtsgmünd ist eine ursprüngliche Welt für sich und bietet Wanderern, Radfahrern oder auch Erholungssuchenden eine grosse Vielfalt spannender Entdeckungen.

Lage und Landschaft: Östliche Schwäbische Alb am Zusammenfluss von Lein und Kocher
Höhe: 375 - 495 m ü. NN
Gewässer: Lein, Kocher, Hammerschmiedesee, Laubach-Stausee
Naturschutzgebiete: „Tal der blinden Rot" (Naturschutzgebiet)
Geologische Besonderheiten: Landschaftsschutzgebiet „Büchelberger Grat"
Gästebetten: ca. 120

Baudenkmale:
Abtsgmünd: St. Michaels-Kirche, Marien- bzw. Lourdes-Kapelle, Zehntscheuer; Laubach: Schloss Laubach; Neubronn: Schloss Neubronn; Hohenstadt: Wallfahrtskirche, Schloss Hohenstadt, ältester barocker Heckengarten Europas mit Lustschlösschen; Untergröningen: Schloss Untergröningen, Schlosskirche; Leinroden: Turmhügelburg

Museen und sonstige Sehenswürdigkeiten:
Dampfzugfahrten ab Untergröningen (Auskunft: 07975/9571-0 bzw. 07971/911-333)

Bürgermeisteramt, Rathausplatz 1, 73453 Abtsgmünd,
Telefon: 07366/82-0, Fax: 07366/82-54
Internet: www.abtsgmuend.de, e-mail: gemeinde@abtsgmuend.de

73099 Adelberg 8

Das ehemalige Kloster Adelberg liegt zwischen den Tälern der Rems und der Fils auf der Höhe des Schurwaldes. Freier Blick bietet sich über Wälder und Täler hinweg, von den Dreikaiserbergen Hohenstaufen, Rechberg und Stuifen bis hin zum Albtrauf der Schwäbischen Alb. Getrennt durch die Landstraße liegt der Hauptort Adelberg in nördlicher Richtung.

Lage und Landschaft: auf den Höhen des östlichen Schurwaldes, umgeben von Wald und Tälern, an der nördlichen Grenze des Landkreises Göppingen
Höhe: 480 m ü. NN
Gewässer: Herrenbachstausee, Wolfgangsee
Naturschutzgebiete: Naturdenkmale auf Adelberger Markung Wolfgangsee und Sandstein-Steilwand im Kohlbachtal
Gästebetten: 75
Wahrzeichen: Kloster mit historischer Klostermauer und Klostertor

Baudenkmale:
Klosteranlage als Sachgesamtheit mit Prälatur und Ulrichskapelle, „Schiesshäusle“, Wasserturm, Backhaus

Museen und sonstige Sehenswürdigkeiten:
Klostervilla mit naturkundlichem Museum, Bauern- und Klostergarten, Sühnekreuz an der Klostermauer, Ulrichskapelle mit Hochaltar (Flügelaltar) von 1511; Sport und Erholungszentrum „Klosterpark“

Verkehrsamt im Klosterpark, „Haus des Gastes“, 73099 Adelberg,
Telefon: 07166/91210-11, Fax: 07166/91210-29, Internet: www.adelberg.de

73486 Adelmannsfelden 6

1113 wurde Adelmannsfelden erstmalig in den Ellwanger Annalen urkundlich erwähnt. Der Hauptort liegt auf einem Hochplateau über dem Teil der Blinden Rot. Adelmannsfelden - heute eine Wohngemeinde zum Wohlfühlen - zeichnet sich durch ein ansprechend gestaltetes Ortsbild und viele Naherholungsangebote (Hammerschmiedesee, Golfanlage Grafenhof, Wanderwege usw.) aus.

Lage und Landschaft: Am Rande der Ellwanger Berge im Virngrund.
Höhe: 490 m ü. NN
Gewässer: Blinde Rot und Bühler
Naturschutzgebiete: Bühlertal
Wahrzeichen: Schloss

Baudenkmale:
Rathaus und Schloss

Bürgermeisteramt, Hauptstrasse 71, 73486 Adelmannsfelden,
Telefon: 07963/9000-0, Fax: 07963/9000-30
e-mail: adelmannsfelden@t-online.de, Internet: www.adelmannsfelden.de

72422 Albstadt 24

Zwei Städte und sieben ländliche Gemeinden bilden die Flächenstadt. Albstadt - liegt im Herzen der Schwäbischen Alb, eng verwoben mit der Natur und verbunden mit der Geschichte.

Lage und Landschaft: auf der Zollernalb in den Tälern von Schmiecha und Eyach

Höhe: 580,5 - 981,8 m. ü. NN
Gewässer: Schmiecha (fließt zur Donau), Eyach (fließt zum Neckar/Rhein)
Naturschutzgebiete: Untereck, Irrenberg, Zellerhornwiese, Dobelwiese Albstadt-Laufen, Leimen Albstadt-Tailfingen/ Truchtelfingen, Lauen Albstadt-Truchtelfingen, Kugelwäldle Albstadt-Truchtelfingen, Hochberg Albstadt-Tailfingen, Känzele Albstadt-Tailfingen, Längenloch Albstadt-Onstmettingen, Roschbach Albstadt-Pfeffingen, Braunhardsberg Albstadt-Tailfingen, Mehlbaum Albstadt-Ebingen, Geifitze Albstadt-Onstmettingen, Tailfinger Ried

Geologische Besonderheiten: Linkenboldshöhle (Tropfsteinhöhle bei A.-Onstmettingen), Kalkriffe des Heersberg, Hangender Stein, Backofenfelsen bei A.-Onstmettingen, Felsenmeer (A.-Tailfingen), Böllat (A.-Burgfelden)
Gästebetten: 442
Wahrzeichen: Bürgerturm, Schlossfelsen mit Turm, Marktbrunnen A.-Ebingen; Peterskirche A.-Tailfingen

Baudenkmale:
St. Michaels-Kirche (A. - Burgfelden), Peterskirche (A. - Tailfingen), Stauffenberg-Schloss (A. - Lautlingen), Kasten (A. - Onstmettingen), Klosteranlage (A. - Margrethausen), Ruine Schalksburg (A. - Burgfelden)

Museen und sonstige Sehenswürdigkeiten:
Bade- und Freizeitzentrum „badkap"mit Saunalandschaft, neuer großer blackhole Wasserrutsche und Wildwasserfluss, Maschenmuseum (Entwicklung der örtlichen Textilindustrie), Musikhistorische Sammlung Jehle im Stauffenberg-Schloss (Instrumente, Drucke, Dokumente, Geigenbauerwerkstatt), priv. Nähmaschinen Museum Mey - Sammlung Albrecht Mey -, Museum im Kräuterkasten (Vor- und Frühgeschichte der Eibinger Alb, Fossilien der Schwäb. Alb, einheimische Tierwelt), Stadtgeschichtliche Sammlungen Eibinger Heimatmuseum, Philipp-Matthäus-Hahn-Museum im Kasten (Uhren- und Waagen-Museum), Albaquarium (Aquarien- und Terrarien-Schau), historischer Stadtrundgang, Galerie Albstadt (Städtische Kunstsammlung).

Tourist-Information Albstadt, Marktstr. 35, 72458 Albstadt-Ebingen,
Telefon: 07431/160 1204, Fax: 07431/160 1227,
Internet: www.albstadt.de, e-mail: stadtverwaltung@albstadt.de

89174 Altheim (Alb) 15

Altheim (Alb), erstmals 1225 urkundlich erwähnt, liegt 20 km nordöstlich von Ulm. Langlaufloipen und Skischlepplifte bieten den Wintersportlern vielerlei Möglichkeiten.

Lage und Landschaft: ausgedehnte Waldungen, albtypische Trockentäler, Wacholderheiden
Höhe: 609 m ü. NN
Naturschutzgebiete: NSG „Hungerbrunnental"
Geologische Besonderheiten: Altheimer Klufthöhle (Tropfsteinhöhle-Naturdenkmal)
Gästebetten: ca. 30
Wahrzeichen: Marienkirche

Baudenkmale:
Marienkirche, Ulmisches Amts- und Forsthaus (1640), Rathaus (1640)

Bürgermeisteramt, Schmiedgasse 15, 89174 Altheim (Alb),
Telefon: 07340/96010, Fax: 07340/960120,e-mail: info@altheim-alb.de

73087 Bad Boll 13

Bad Boll liegt am Fusse der Schwäbischen Alb - an der „Straße der Staufer“ – eingebettet zwischen Wiesen und Wäldern. Mit drei ortsgebundenen Heilmitteln verfügt Bad Boll über die besten Voraussetzungen für einen erfolgreichen Kuraufenthalt. Die 1595 entdeckte Schwefelquelle, das Thermal-Mineral-Bewegungsbad und der Boller Jura-Fango sind die Grundlage für nachhaltige Heilerfolge bei einer Vielzahl von Beschwerden.

Lage und Landschaft: am Jura-Steilhang der Schwäbischen Alb in einem reizvollen Erholungs- und Wandergebiet.
Höhe: 495 - 795 m ü. NN
Gästebetten: 800
Naturschutzgebiete: Naturschutzgebiet Teufelsloch - Kaltenwang
Geologische Besonderheiten: Berge: Der Boßler (794 m ü. NN)

Baudenkmale:
Evangelische Stiftskirche aus der Stauferzeit um 1155, die heute noch den nahezu unverfälschten Eindruck einer dreischiffigen romanischen Pfeilerbasilika. Kurhaus Bad Boll: von Heinrich Schickhardt (1595). Jetzige Form im nachklassizistischen Stil 1823 - 1825. Wandelhalle, Kurpark, Belvedere („Tempele“ mit herrlicher Aussicht auf die Dreikaiserberge Hohenstaufen, Stuifen und Rechberg). Die Evangelische Akademie Bad Boll (erste kirchliche Tagungsstättenach 1945).

Museen und sonstige Sehenswürdigkeiten:
Brunnenstube, älteste Brunnenfassung des Boller Thermalwassers (1595)

Bad Boll-Info, Hauptstr. 81, 73087 Bad Boll,
Telefon: 07164/808-28, Fax: 07164/902309
Internet: www.bad-boll.de, e-mail: info@verkehrsamt-bad-boll.de

73342 Bad Ditzenbach 14

Die Bad Ditzenbacher Mineralquellen sind bereits seit 1472 bekannt, wurden aber erst in der Mitte des 18. Jahrhunderts gefaßt und seitdem auch gesundheitsbringend genutzt. Seinen Aufschwung erlebte das Bad unter der Regie der Barmherzigen Schwestern, die es um 1900 übernahmen.

Lage und Landschaft: im sog. „Goißatäle“, dem Tal der oberen Fils zwischen der Filsquelle und Geislingen a. d. Steige
Höhe: 509-752 m ü. NN
Gewässer: Fils
Geologische Besonderheiten: Oberberg, Schlossberg, Galgenberg
Gästebetten: ca. 500

Baudenkmale:
Laurentiuskirche (15.Jh.), Burgruine Hiltenburg (1289), Gosbacher Kreuzkapelle (1882), evang. Stephanuskirche in Auendorf (1618), Josephskapelle in Gosbach (1733), Wallfahrtskirche „Ave Maria“ im 1 km entfernt gelegenen Deggingen (1716-1718)

Tourismus- und Kulturbüro, Haus des Gastes, Helfensteinstr. 20,
73342 Bad Ditzenbach, Telefon: 07334/6911, Fax: 07334/920408,
Internet: www.badditzenbach.de, e-mail: touristinfo@badditzenbach.de

73337 Bad Überkingen 14

Bad Überkingen ist seit dem 12. Jahrhundert durch seine berühmten Mineral-Heilquellen bekannt. Seit 1928 mit dem Prädikat „Bad“ ausgezeichnet. 1971 wurde das erste Mineral - Thermal - Bewegungsbad der Schwäbischen Alb in Bad Überkingen eröffnet.

Lage und Landschaft: Bad Überkingen liegt eingebettet im oberen Filstal, am Fusse des Schwäbischen Alb nahe Geislingen a. d. Steige
Höhe: 441 - 750 m ü. NN

Gewässer: Fils
Naturschutzgebiete: Autal, Oberböhringer Heide
Geologische Besonderheiten: Michelsberg, Hausener Felsen, Kahlenstein und Kahlensteinhöhle, Wacholderheiden, Orchideenwiesen beim Weigoldsberg, bizarre Felsvorsprünge, Autalwasserfall
Gästebetten: 514
Wahrzeichen: Quellen der Gesundheit, Brunnen - Wappenbrunnen

Baudenkmale:
ehemaliges Badhaus (jetzt Bad Hotel aus dem 16. Jh.), ehemalige Mühle und Pfarrhaus (jetzt „Altes Pfarrhaus" - Hotel), St. Gallus Kirche, Peter u. Paul-Kirche

Einrichtungen und sonstige Sehenswürdigkeiten:
Quellentempel mit Wasserkaskaden, Schillertempel, Autal-Waldkapelle, Wasserhäusle mit den berühmten Quellen, Landesberufsschule des Hotel- u. Gaststättenverbandes, Mütterkurheim, Freizeit- u. Begegnungsstätte Michelsberg

Kurverwaltung, Gartenstraße 1, 73337 Bad Überkingen,
Telefon: 07331/961919, Fax: 07331/961999,
Internet: www.bad-ueberkingen.de, e-mail: info@bad-ueberkingen.de

72574 Bad Urach 19

Um 1050 errichteten die Gaugrafen von Urach auf dem Hohenurach, als Stammsitz, eine Burg. Die in ihrem Schutz entstandene Siedlung erhielt vor 1188 das Marktrecht. Burg und Markt kamen um 1260 an Württemberg.
Nach der Erbohrung der Thermal-Mineralquelle 1969 entwickelte sich Bad Urach zu einem modernen Kurzentrum. 1983 wurde Bad Urach als Heilbad staatlich anerkannt.

Lage und Landschaft: in der Mitte der Schwäbischen Alb, Mittelgebirgslandschaft im Ermstal
Höhe: 464 - 736 m ü. NN
Gewässer: Erms
Geologische Besonderheiten: Schillerhöhle, Falkensteiner Höhle
Gästebetten: 2.236
Wahrzeichen: Festungsruine Hohenurach

Baudenkmale:
Historische Innenstadt mit Fachwerkhäusern aus dem späten Mittelalter, Fachwerkrathaus, spätgotische Stiftskirche St. Amandus, ehemaliges Residenzschloss

Museen und sonstige Sehenswürdigkeiten:
Residenzschloss mit Zweigmuseum des Württ. Landesmuseums, Albvereinsmuseum, Stadtmuseum Klostermühle, Grammophonmuseum, Uracher Wasserfälle, Gütersteiner Fohlenhof mit Wasserfällen

Städt. Kurverwaltung, Bei den Thermen 4, 72574 Bad Urach,
Telefon: 07125/9432-0, Fax: 07125/9432-22,
Internet: www.badurach.de, e-mail: kbu@badurach.de

78580 Bärenthal 30

Absolutes Kleinod der Gemeinde ist die nach innen und außen rebarockisierte Pfarrkirche St. Johannes. Zusammen mit dem neu gestalteten St. Michaelis-Platz bildet sie im Ortsinneren der Gemeinde eine lohnenswerte Sehenswürdigkeit. In der Urkunde des Klosters St. Georgen wird die Gemeinde Bärenthal erstmals im Jahre 1092 erwähnt.

Lage und Landschaft: Im waldreichen Bäratal und Naturpark „Obere Donau" südwestlich vom Irndorfer Hardt, gesunde Höhenlage.
Höhe: 650 - 950 m ü. NN

Gewässer: Bära
Geologische Besonderheiten: Aussichtspunkte Rabenfels und Kreuzfels, Erlebniswanderwege
Gästebetten: 20

Museen und sonstige Sehenswürdigkeiten:
Rebarockisierte Pfarrkirche St. Johannes, St. Michaelis-Platz, Tuffsteinbruch mit Tuffsteinsägen, Tuffstein-Kaskade, 900-jährige Schlösslemühle mit restauriertem unterschlächtigem Wasserrad

Verkehrsamt im Rathaus, 78580 Bärenthal,
Telefon: 07466 / 230, Fax: 07466 / 1617, e-mail: baerenthal@t-online.de

72336 Balingen 24

Balingen ist etwa 1500 Jahre alt. Das Dorf wurde 863 als „Balginga“ erstmals urkundlich erwähnt. Es erhielt 1255 von Graf Friedrich von Zollern das Stadtrecht verliehen. Heute hat die Kreisstadt des Zollernalbkreises etwa 34000 Einwohner und ist kultureller und wirtschaftlicher Mittelpunkt der Region.

Lage und Landschaft: Am Fusse der Schwäbischen Alb auf der Zollernalb
Höhe: 517 m ü. NN
Gewässer: Eyach
Geologische Besonderheiten: höchster Berg des Panoramas ist der Plettenberg mit 1002 m
Gästebetten: 473
Wahrzeichen: Zollernschloss mit Wasserturm, Reiterhaus und Zehntscheuer

Baudenkmale:
Friedhofskirche (11 Jh.), Stadtkirche (15 Jh.) mit Sonnenuhr von Philipp Matthäus Hahn, Eckturm der Stadtmauer („Wasserturm“) (15.Jh.)

Museen und sonstige Sehenswürdigkeiten:
Haus der Museen in der Zehntscheuer mit Heimatmuseum und Friedrich-Eckenfelder-Galerie, Heimatmuseum Ostdorf, Museum für Waage und Gewicht im Zollernschloss

Stadtverwaltung Balingen, Schul- und Kulturamt, Neue Str. 33,
72336 Balingen, Telefon: 07433/170-261, Fax: 07433/170-127,
Internet: www.balingen.de, e-mail: stadt@balingen.de

73566 Bartholomä 10

Fernab der großen Touristik-Zentren am östlichen Rand der Schwäbischen Alb liegt der "Sagenhafte Albuch" mit dem staatlichen anerkannten Erholungsort Bartholomä, dessen Alterbestimmung nicht festgelegt werden konnte. Aus alten Chroniken und Unterlagen das Kirchenbaus wird als Entstehungsjahr um das 12. Jahrhundert angegeben.
Bartholomä hat eine Gemarkungsfläche von 2.200 ha und derzeit 2.000 Einwohner.
Höhe: 645 m ü. NN
Naturschutzgebiete: Rauhe Wiese, Weiherwiesen
Gästebetten: ca. 250

Museen: Museumsscheuer im Amalienhof

Gemeindeverwaltung Bartholomä, Beckengasse 14, 73566 Bartholomä
Telefon: 07173/97820-0; Fax: 07173/97820-22
E-Mail: info@bartholomae.de, Internet: www.bartholomae.de

89180 Berghülen 20

Berghülen mit seinen ca. 2 000 Einwohnern liegt im Alb-Donau-Kreis. Wahrzeichen der Gemeinde waren ursprünglich die Hülen (Wasserstellen), die heute nur noch zum Teil vorhanden sind.

Lage und Landschaft: Schwäbische Alb - Kuppenalb
Höhe: 693 m ü. NN
Gästebetten: ca. 60
Wahrzeichen: Ursprünglich die Hülen (Wasserstellen), heute nur noch z.T. vorhanden, z.B. Naturdenkmal Oberweilerhüle sowie Hüle in der Ortsmitte von Bühlenhausen

Baudenkmale:
Evang. Laurentius-Kirche Berghülen, Evang. St. Vitus-Kirche Bühlenhausen, Kirchlein zum Heiligen St. Christophorus und der Hl. Margaretha im Ortsteil Treffensbuch

Verkehrsamt Berghülen, Hauptstr. 2, 89180 Berghülen, Telefon: 07344/9686-0, Fax: 07344/968616, e-mail: info@berghuelen.de

72660 Beuren 13

Der junge Kurort liegt malerisch eingebettet am Fusse der Schwäbischen Alb. Inmitten von Streuobstwiesen und Weinbergen hat der Kur- und Urlaubsgast von nahezu jedem Platz der Gemeinde Beuren aus einen freien Blick auf unverbaute, intakte Naturlandschaft.

Lage und Landschaft: Mittelgebirgslage mit Schonklima am Fusse des Albtraufs, 1/3 Wald, 1/3 Streuobstwiesen und Ackerland
Höhe: 440 - 700 m ü. NN
Gästebetten: 287
Wahrzeichen: Panorama Therme Beuren

Baudenkmale:
Nikolauskirche, Historische Kelter, Storchennest, Burgruine Hohenneuffen

Museen und sonstige Sehenswürdigkeiten:
Freilichtmuseum Beuren (Museum des Landkreises Esslingen)

Kurverwaltung, Am Thermalbad 5, 72660 Beuren,
Telefon: 07025/91040-0, Fax: 07025/91030-10, Internet: www.beuren.de,
e-mail: beuren@beuren.de

88631 Beuron 30

Beuron, mit seinen Ortsteilen Hausen im Tal und Thiergarten liegt im schönsten Teil des Donaudurchbruchs durch die Schwäbische Alb zwischen Tuttlingen und Sigmaringen und ist das Herz der Naturparks Obere Donau. Die herrlichen Laubmischwälder verbinden sich mit weißen Kalkfelswänden zu einem unverwechselbaren Landschaftsbild. Hier in einem Talkessel liegt das bekannte Benediktinerkloster.

Lage und Landschaft: Oberes Donautal, Naturpark „Obere Donau“
Höhe: 600 - 850 m ü. NN
Gewässer: Donau
Naturschutzgebiete: Landschaftsschutzgebiet Donau- und Schmeiental
Geologische Besonderheiten: Kalkfelsen entlang des gesamten Donautals, verschiedene Höhlen (Naturschutz), Jägerhaushöhle, Petershöhle
Gästebetten: 400
Wahrzeichen: Erzabtei St. Martin in Beuron

Baudenkmale:
Klosterkirche Beuron (Barockkirche, Malereien des „Beuroner Kunsstils“), St. Maurus Kapelle, Schloss Werenwag, Ruinen Wagenburg u. Hausen

Museen und sonstige Sehenswürdigkeiten:
Informationszentrum „Naturpark Obere Donau“ im alten Bahnhof Beuron, Tel. 07466/92800, Fax: 07466/928023

Bürgermeisteramt, 88631 Beuron, Tel. 07466/214 und 07579/9210-0, Fax: 07466/1293 und 07579/9210-25, Internet: www.beuron.de, e-mail: info@beuron.de

72406 Bisingen 24

Die Gründung von Bisingen und Wessingen wird den Alemannen zugeschrieben. Der Ort wird im Jahre 786 erstmals urkundlich erwähnt. Das heutige Bisingen ist eine Industriegemeinde mit Flair. Kulturelle Veranstaltungen von Rang, über 50 Vereine, eine vorzügliche Gastronomie.

Lage und Landschaft: am Nordrand der Schwäbischen Alb unterhalb der Hohenzollernburg
Höhe: 548 m ü. NN
Naturschutzgebiete: „Zollernhalde“ unterhalb der Burg Hohenzollern
Geologische Besonderheiten: Albtrauf, Hausberg der Burg Hohenzollern (Zeugenberg)
Gästebetten: 53
Wahrzeichen: Burg Hohenzollern (zum Ortsteil Zimmern gehörend), Nichthuldigerbrunnen im Ortskern

Baudenkmale:
Burgruine Schlösslewald

Museen und sonstige Sehenswürdigkeiten:
Heimatmuseum Thematik: „Schwierigkeiten des Erinnerns“, Ölschiefervorkommen; ehemaliges KZ Bisingen

Gemeindeverwaltung, Heidelbergstr. 9, 72406 Bisingen, Telefon: 07476/896-0, Fax: 07476/896149, Internet: www.bisingen.de, e-mail: info@rz-as.de

73266 Bissingen/Teck 13

Bissingen wurde vor 1225 Jahren das erste Mal urkundlich erwähnt. Der Name geht zwar auf die alamannische Sippe des Biso zurück, doch genau zeitlich festmachen lässt sich der Ort erst durch eine urkundliche Erwähnung des Klosters Lorsch (bei Worms) aus dem Jahre 771.

Lage und Landschaft: Albrand und Albhochfläche um die Teck
Höhe: 375 - 830 m ü. NN
Gewässer: Feuersee
Naturschutzgebiete: Randecker-Maar, Eichhalde
Geologische Besonderheiten: Breitenstein
Gästebetten: 50
Wahrzeichen: Teck (Bergkegel u. Burg)

Baudenkmale:
Marienkirche, Rathaus, Kelter, Weinbergschutzhäuschen, Pfarrhäuser

Museen und sonstige Sehenswürdigkeiten:
Eduard-Mörike-Gedenkstätte in Ochsenwang

Bürgermeisteramt, Vordere Str. 48, 73266 Bissingen/Teck, Telefon: 07023/90000-0, Fax: 07023/90000-99, Internet: www.bissingen-teck.de

89143 Blaubeuren 20

Blaubeuren – staatlich anerkannter Erholungsort – am Fusse der Schwäbischen Alb. Die Stadt liegt im Talkessel der Urdonau zwischen Wald und Felsen. Sie ist Ausflugsziel und Ausgangspunkt für Wanderungen. Blaubeuren hat ein mittelalterliches Stadtbild mit Fachwerkbauten.

Lage und Landschaft: in einem weiten Talkessel, umgeben von Mischwäldern mit eigenartig geformten Felspartien am Quelltopf der Blau
Höhe: 500 - 750 m ü. NN
Gewässer: Aach, Blau, Blautopf
Naturschutzgebiete: Untere Hellebarten
Geologische Besonderheiten: Urdonautal mit archäologischen Grabungsstätten, Brillenhöhle, Geißenklösterle, Große Grotte, Sirgenstein
Gästebetten: 276
Wahrzeichen: Hochaltar, Blautopf, Klosteranlage

Baudenkmale:
Historische Altstadt, Hohe Wil, Großes Haus, Hammerschmiede, Kloster, Spitel, Evang. Stadtkirche

Museen und sonstige Sehenswürdigkeiten:
Hammerschmiede, Heimatmuseum im ehemaligen Badhaus der Mönche, Urgeschichtliches Museum, Kloster mit Hochaltar, Blautopf, Altstadt, Filmvorführungen über die Erforschung des Blautopfs, Urgeschichtshöhlen

Stadtverwaltung, Karlstraße 2, 89143 Blaubeuren
Telefon: 07344/9669-0, Fax: 07344/9669-36, Internet: www.blaubeuren.de

89134 Blaustein 20

Blaustein zählt zu einer der größten Flächengemeinden im Alb-Donau-Kreis. Unmittelbar westlich von Ulm gelegen, ist Blaustein zwischen Hochsträß, Blautal, Lautertal und der Hochfläche der Schwäbischen Alb eingebettet. Zu einem überörtlichen Anziehungspunkt ist der Badepark „Bad Blau“ geworden.

Lage und Landschaft: Vor den Toren von Ulm – im Urstromtal der Donau
Höhe: 490 - 690 m ü. NN
Gewässer: Blau, Lauter
Naturschutzgebiete: Arnegger Ried, Kleines Lautertal
Gästebetten: ca. 200

Baudenkmale:
Zehntscheuer (1701), Barockkirche (Marienkirche; erbaut 1736/37), Amtshaus (1783/85)

Bürgermeisteramt, Marktplatz 2, 89134 Blaustein
Telefon: 07304/802-0, Fax: 07304/802-111

89558 Böhmenkirch 15

Böhmenkirch liegt mit seinen Teilorten Treffelhausen, Steinkirch und Schnittlingen im Landkreis Göppingen auf dem Albuch, einer von Tälern und Hügeln durchzogenen Hochfläche im Ostteil der Schwäbischen Alb. Erstmals genannt wird Böhmenkirch1147. Böhmenkirch hat zur Zeit ca. 5.600 Einwohner.

Lage und Landschaft: Der Ort liegt an der Schwäbischen Albstraße zwischen Geislingen/Steige und Heidenheim.
Höhe: 550 – 750 m ü. NN
Naturschutzgebiet: Roggental/Eybtal mit Teilen des Längen- und Rohrbachtales
Geologische Besonderheiten: Mordloch im Roggental (teilweise begehbare Höhle), Kletterfelsen, größtes Naturschutzgebiet im Regierungsbezirk Stuttgart
Gästebetten: ca. 100

Baudenkmale: Burgruine Ravenstein

Sonstige Sehenswürdigkeiten: St. Vitus-Kirche in Treffelhausen, St. Patriz-Kapelle in Böhmenkirch, Hülben in den Heidhöfen

Bürgermeisteramt, Hauptstraße 96, 89558 Böhmenkirch
Telefon: 07332/9600-0, Fax: 07332/9600-40

73441 Bopfingen 11

Bopfingen – einst freie Reichsstadt – zählt 12.000 Einwohner und liegt an der B 29 sowie an der Bahnlinie Aalen-Nördlingen. Es ist geprägt von einem teilweise noch erhaltenen mittelalterlichen Stadtbild, liegt eingebettet in Landschafts- und Naturschutzgebieten am Übergang der Schwäbischen Alb ins Nördlinger Ries.

Lage und Landschaft: Am Rande der Schwäbischen Alb und an der westlichen Eingangspforte zum Nördlinger Ries
Höhe: 468 m ü. NN
Geologische Besonderheiten: Ipf (668 m), Naturschutzgebiet Tonnenberg-Karkstein-Käsbühl
Gewässer: Sechta, Eger
Gästebetten: 175

Baudenkmale:
ehemalige Synagoge, Stadtkirche mit Herlinaltar, Wallfahrtskirche

Museen und sonstige Sehenswürdigkeiten:
Vor- und frühgeschichtliches Museum, Schloss Baldem mit Waffensammlung, Museum im Seehaus, histor. Kräuterkammer, Heimatstube Trochtelfingen

Fremdenverkehrsverein Ries-Ostalb, Marktstraße 1, 73441 Bopfingen,
Telefon: 07362/801-22, Fax: 07362/801-50, Internet: www.bopfingen.de

78585 Bubsheim 29/30

Erste schriftliche Erwähnung von Bubsheim nach 1300, frühgeschichtliche Gräber lassen auf eine Besiedlung vor mehr als 2000 Jahren schließen. Die Gemeinde gehörte zur Grafschaft Oberhohenberg.

Lage und Landschaft: Großer Heuberg West (5 km vom Klippeneck), Südwestalb
Höhe: 913 m ü. NN
Geologische Besonderheiten: auf Markung Egesheim Beilsteinhöhle, Heidentor, Ruine Granegg
Gästebetten: 30
Wahrzeichen: altes Pfarrhaus und Kirche

Bürgermeisteramt, Bergstr. 2, 78585 Bubsheim
Telefon: 07429/508, Fax: 07429/2089

88673 Buchheim 35

Der kleine Ort liegt im Landkreis Tuttlingen. Sein Wahrzeichen ist der Aussichtsturm „Buchheimer Hans".

Lage und Landschaft: im Naturpark „Obere Donau" oberhalb des Donaudurchbruches durch die Schwäbische Alb
Wahrzeichen: Aussichtsturm „Buchheimer Hans"

Baudenkmale: Ruine Kallenberg
Museen und sonstige Sehenswürdigkeiten:
Barocke Pfarrkirche St. Stephanus

Bürgermeisteramt, Rathausweg 4, 88637 Buchheim
Telefon: 07777/311, Fax: 07777/1681

72393 Burladingen 25

Stadt mit 13.100 Einw. an der europäischen Wasserscheide liegt in der reizvollen Landschaft der Schwäbischen Alb an der Schwäbischen Albstraße, der Hohenzollernstraße und der Römerstraße Neckar-Alb. Geprägt von der Textilindustrie. Zahlreiche Freizeit- u. Erholungsmöglichkeiten im Bereich der weitläufigen Gemeindefläche.

Lage und Landschaft:
Region Zollernalb, nordöstlicher Rand des Zollernalbkreises
Höhe: 610 - 929 m ü. NN
Gewässer: Starzel, Lauchert, Fehla
Geologische Besonderheiten: Kornbühl in Burl. Salmendingen (887 m. ü. NN)
Wahrzeichen: Kornbühl

Baudenkmale:
St. Georgskirche (1769) und St. Fidelis-Kirche in Burladingen, Salmendinger Kapelle (1507) mit Kreuzweg auf dem Kornbühl, Barockkirche St. Stephan in Melchingen, Kirche St. Nikolaus in Hausen, Filialkirche zur Schmerzhaften Muttergottes in Killer, Kirche St. Martin in Ringingen, ehem. Pfarrkirche St. Silvester in Stetten, Barockkirche St. Michael in Salmendingen, Kirche St. Nikolaus in Hausen, Filialkirche zur Schmerzhaften Muttergottes in Killer, Kirche St. Martin in Ringingen, ehem. Pfarrkirche St. Silvester in Stetten, Ruine Hohenmelchingen, Ruine Holstein in Stetten

Museen und sonstige Sehenswürdigeiten:
Dorfmuseum Melchingen, Heimatmuseum Hausen, Deutsches Peitschenmuseum Killer

Stadtverwaltung Burladingen, Hauptstraße 49, 72393 Burladingen
Telefon: 07475/892-0, Fax: 07475/892-155,
e-mail: info@burladingen.de, Internet: www.burladingen.de

72581 Dettingen/Erms 18/19

Die in der reizvollen Ausweitung des Ermstales gelegene Gemeinde Dettingen wird zu Recht „Das gastliche Tor zur Uracher Alb" genannt. Dettingen, an beiden Seiten des Ermstales von Bergen begrenzt, ist ein Ort mit ausgeprägter landwirtschaftlicher Tradition.

Lage und Landschaft: im Ermstal am Nordrand der Schwäbischen Alb
Höhe: 372 - 790 m ü. NN
Geologische Besonderheiten: erloschener Vulkan (Calverbühl), in der Umgebung viele Höhlen, die zum Teil auch ohne Führer durchstiegen werden können
Gästebetten: ca. 150
Wahrzeichen: Gaisbock

Baudenkmale:
Evangelische Stiftskirche, Schlössle

Museen und sonstige Sehenswürdigkeiten:
Heimatmuseum, Fachwerkhäuser, Kirschblüte im Mai/Juni, neu gestalteter Ortskern

Kulturamt, Rathausplatz 1, 72581 Dettingen
Telefon: 07123/7207-11, Fax: 07123/7207-63,
e-mail: info@dettingen-erms.de, Internet: www.dettingen-erms.de

89561 Dischingen 16

Dischingen wurde 1049 zum erstenmal urkundlich erwähnt. Das Glanzstück und der Mittelpunkt der Großgemeinde Dischingen ist die Pfarrkirche St. Johannes Baptist mit der 200 jährigen Orgel des berühmten Orgelbauers Josef Hoeß von Ochsenhausen - das einzige noch spielbare Werk dieses Meisters.

Lage und Landschaft: Härtsfeld, Ausläufer der Schwäbischen Alb, Hochflächenlandschaft des weißen Jura

Höhe: 463 - 567 m ü. NN
Gewässer: Egau, Härtsfeldsee
Naturschutzgebiete: Fliegenberg bei Dischingen, Griesbuckellandschaft bei Demmingen
Geologische Besonderheiten: Geologischer Lehrpfad bei Dischingen
Gästebetten: 110
Wahrzeichen: Pfarrkirche St. Johannes Baptist (1769 - 1771)

Baudenkmale:
Pfarrkirche St. Johannes Baptist (1769 - 1771), Schloss Taxis (18 Jh.) mit Engl. Wald, Jagdschloss Duttenstein (1564-1572) mit Wildpark, Burg Katzenstein (Stauferzeit), Schloss Ballmertshofen

Museen und sonstige Sehenswürdigkeiten:
Ländliche Bildergalerie im Schloss Ballmertshofen, Heimatmuseum Dischingen

Fremdenverkehrsamt, Marktplatz 9, 89561 Dischingen
Telefon: 07327/8116, Fax: 07327/81-40,
e-mail: rathaus@dischingen.de, Internet: www.dischingen.de

73072 Donzdorf 14

Mit seiner zentralen Lage bietet Donzdorf, als wirtschaftlicher, verkehrsmäßiger und kultureller Mittelpunkt des Lautertals, eine Vielzahl von Freizeitmöglichkeiten und macht damit die Stadt zu einem attraktiven Ausflugs- und Urlaubsziel für die Bürgerinnen und Bürger der Stadt, für Tagestouristen aus der näheren Umgebung und auch für die Urlauber die von weiter her anreisen. Donzdorf liegt zentral zwischen den Städten Geislingen, Schwäbisch Gmünd, Göppingen und Heidenheim. Donzdorf gehört dem Landkreis Göppingen an.

Höhe: 400 – 749 m ü. NN
Gewässer: Lauter
Naturschutzgebiete: Stausee Simonsbach
Gästebetten: ca. 180

Baudenkmäler:
St. Martinuskirche mit der Gruft des Rechbergschen Geschlecht, das ehemalige Schloss der Grafen von Rechberg (heutiges Verwaltungszentrum), Burgruine Scharfenberg etc.

Museen und sonstige Sehenswürdigkeiten:
St. Martinskirche, ehemaliges Schloss der Grafen von Rechberg und Rothenlöwen, Schloss Ramsberg, Burgruine Scharfenberg, Astronomischer Lehrpfad, Sternwarte Messelberg.

Touristik-Info, Schloss 1-4, 73072 Donzdorf
Telefon: 07162/922301, 07162/922521
E-Mail: stadt@donzdorf.de, Internet: www.donzdorf.de

73568 Durlangen 9

Die Gemeinde Durlangen besteht aus den 3 Teilorten Durlangen, Zimmerbach und Tanau. Durlangen gehört naturräumlich zum Welzheimer Wald; die Gegend wird heute als "Schwäbischer Wald" bezeichnet.

Höhe: 400 – 510 m ü. NN
Gewässer: Lein, Rot, Rückhaltebecken Rehnenmühle.
Gästebetten: ca. 20

Sehenswürdigkeiten: Im Ortsteil Tanau befindet sich die aus romanischer Zeit (Turm und Schiff) stammende Wallfahrtskirche St. Anna mit spätgotischem Chor.

Gemeindeverwaltung Durlangen, Hermann-Löns-Weg 5, 73568 Durlangen
Telefon: 07176/4527-10; Fax: 07176/4527-19

89584 Ehingen 27

Ehingen, erstmals urkundlich erwähnt im Jahre 961, kann auf eine mehr als tausendjährige wechselvolle Geschichte zurückblicken. Inmitten einer reizvollen, hügeligen und waldreichen Landschaft an der Donau und der Schwäbischen Alb gelegen, bietet die ehemalige vorderösterreichische Direktorialstadt ihren Gästen ein reichhaltiges Angebot an Sehenswürdigkeiten.

Lage und Landschaft: inmitten einer reizvollen, hügeligen und waldreichen Landschaft mit hohem Freizeitwert an der Donau und am Südrand der Schwäbischen Alb
Höhe: 487 - 768 m ü. NN
Gewässer: Donau, Schmiech
Naturschutzgebiete: Blauer Steinbruch, Öpfinger Stausee, Pfaffenwert, Umenlauh, Heuhofer Weg, Hungerberg, Gedüngtes Ried
Geologische Besonderheiten: Wacholderheide auf der Alb,
Naturdenkmale: Gesundheitsbrünnele, Hungerbrünnele, Fels mit Höhle, „Käthere Küche“, Wasserfall „Hoher Gießel“ im Lautertal, Tropfsteinhöhle „Fuchsloch“
Gästebetten: 410
Wahrzeichen: Die Silhouette mit den Türmen der drei großen Pfarrkirchen

Baudenkmale:
Stadtpfarrkirche St. Blasius, Liebfrauenkirche, Konviktskirche mit Kollegium, Friedhofskapelle St. Martin, ehem. alte Spitalkirche, Heilig-Geist-Spital, Franziskanerkloster, Urspringer Hof, Ständehaus, Ritterhaus, Speth´scher Hof, „Schlösschen“, Marchtaler Klosterhof, Vogtei, Salmansweiler Hof, Rathaus, Stoffelbergkapelle, Schloss Mochental, Ruine „Wartstein“, Ruine Monsberg, verschiedene Schlösser

Museen und sonstige Sehenswürdigkeiten:
Städt. Museum, Römermuseum, Kunstgalerie und Besen-Museum, Marktbrunnen, Historischer Wehrgang, prachtvolle kirchliche und weltliche Bauten aus der Barockzeit, Stadtpfarrkirche St. Blasius, Liebfrauenkirche,Schloss Mochental, Wolfert-Turm

Tourist-Information, Marktplatz 1, 89584 Ehingen
Telefon: 07391/503-0, Fax 07391/503-222, Internet: www.ehingen.de

73488 Ellenberg 7

Erste urkundliche Erwähnung im Jahre 1300. Die Gemeinde gehört zu den dünn besiedelten Gebieten des Ostalbkreises. Mehr als die Hälfte der Markungsfläche ist mit Wald bedeckt.

Lage und Landschaft: ländlich strukturiert, an der dt. Ferienstrasse zwischen Ellwangen und Dinkelsbühl
Höhe: 520 - 579 m ü. NN
Gewässer: Haselbachstausee, Häsle und versch. kl. Seen
Geologische Besonderheiten: Europäische Wasserscheide (Rhein/Donau)
Gästebetten: ca. 20

Baudenkmale:
Wasserturm, Pfarrkirche Ellenberg, Kapelle Breitenbach, Wallfahrtskirche „Schönenberg“, Basilika in Ellwangen

Bürgermeisteramt Ellenberg, Hauptstr. 25, 73488 Ellenberg
Telefon: 07962/90300, Fax: 07962/903050,
e-mail: gemeinde@ellenberg.de, Internet: www.ellenberg.de

73479 Ellwangen 6

Ellwangen ist eine bedeutende Kunststätte im Oberen Jagsttal, deren Stadtbild noch Züge der geistlichen Residenz im 18. Jh. aufweist. Überragt wird Ellwangen vom Schloss, der ehemaligen Residenz der Fürstpröpste, und der Wallfahrtskirche Schönenberg.

Lage und Landschaft: Wald- und Seenreiche Landschaft des Virngrundes, Oberes Jagsttal

Höhe: 424 - 542 m ü. NN
Gewässer: Jagst, Ellwanger Seenland (Stauseen)
Gästebetten: 450
Wahrzeichen: Wallfahrtskirche Schönenberg

Baudenkmale:
Basilika St. Veit (13. Jh.), bedeutendster Gewölbebau Schwabens, ab 1737 barockisiert, vollständig erhaltener gotischer Kreuzgang von 1473; ehemalige Jesuitenkirchemit Fresken, Marienkirche mit Silberaltar, Wallfahrtskirche Schönenberg (1682), Schloss ob Ellwangen (17./18. Jh.) mit stukkierter Schlosskapelle, Antoniuskapelle in Schrezheim mit Fayencealtar

Museen und sonstige Sehenswürdigkeiten:
Museum im Schloss ob Ellwangen mit Ofenplatten aus Wasseralfingen, Schrezheimer Fayencen, Stubenvollschen Krippen und einer Dauerausstellung mit Puppenstuben, -küchen, -kaufläden, Bilder von Karl Stirner, barocke Handzeichnungen, Alamannenmuseum: Präsentiert alles über die Alamannen um die Zeit 3.-8. Jh. n. Chr. in Süddeutschland, darunter die sensationellen Grabfunde von Lauchheim. Bauernstube in Pfahlheim: Einrichtungs- und Gebrauchsgegenstände, die einen Einblick in das bäuerliche Leben geben

Tourist-Information, Spitalstr. 4, 73479 Ellwangen
Telefon: 07961/84303, Fax: 07961/55267,
e-mail: info@ellwangen.de, Internet: www.ellwangen.de

72829 Engstingen 25

Liegt mit seinen Ortsteilen Kohlstetten, Groß- und Kleinengstingen im Landkreis Reutlingen zentral auf der Albhochfläche an der Verbindungsstraße zwischen Reutlingen und Zwiefalten.

Lage und Landschaft: Oberhalb der Honauer Steige auf der Hochfläche der mittleren Schwäbischen Alb
Höhe: zwischen 700 und 800 m ü. NN
Geologische Besonderheit: Kleinengstingen liegt auf einem wasserführenden Basalttuffschlot des Schwäbischen Vulkans; hier wurde 1580 ein Sauerbrunnen erschlossen (Brunnen in der Ortsmitte)
Gästebetten: 46

Baudenkmale:
Rokoko-Kirche (1719) in Großengstingen

Museen und sonstige Sehenswürdigkeiten:
Automuseum, Dampfzugfahrten (von Engstingen Richtung Gammertingen), Schwäbische Albbahn (Ulm - Münsingen - Kleinengstingen); in der Nähe Schloss Lichtenstein, Bärenhöhle, Nebelhöhle, Traifelberg

Bürgermeisteramt, Kirchstr. 6, 72829 Engstingen
Tel. 0 71 29/93 99-20, Fax. 0 71 29/93 99-99

72800 Eningen u. A. 18

Gemeinde nahe Reutligen am nördl. Albrand (Albtrauf). Obwohl Eningen im Tal liegt, reicht seine Gemarkung weit hinauf auf die Schwäbische Alb. Die europäische Wasserscheide zwischen Donau und Rhein verläuft kurz hinter dem Albrand.

Lage und Landschaft: landschaftlich reizvoll eingebettet zwischen dem freistehenden Bergkegel der Achalm und dem wald- und felsenreichen Steilabfall der Schwäbischen Alb
Höhe: 463 m ü. NN
Geologische Besonderheiten: Achalm (Berg), Vulkanschlote Bürzlen, Rangenberg, Burgruine auf der Achalm
Gästebetten: 118
Wahrzeichen: Achalm

Museen und sonstige Sehenswürdigkeiten:
Paul-Jauch-Museum, Heimatmuseum, Speicherbecken des Pumpwerkes Glems, Wildgehege Eninger Weide, barockes „Doktorhaus" im sanierten Ortskern

Gemeindeverwaltung, Rathausplatz 2, 72800 Eningen u.A.
Telefon: 07121/892-143, Fax: 07121/892-222, Internet: www.eningen.de,
e-mail: verwaltung@eningen.de

73457 Essingen 10

Essingen liegt am Albtrauf und zählt rd. 6.400 Einwohner. Die Gesamtgemarkung erstreckt sich auf rd. 6.000 ha. Essingen befindet sich am Ursprung der Rems und am Nordrand des Albuch. Ein ausgedehntes Wanderwegenetz durch weitläufige Waldgebiete und zahlreiche Skiloipen sind vorhanden.

Lage und Landschaft:
Im Ostalbkreis verkehrsgünstig an der B 29 zwischen Aalen und Schwäbisch Gmünd.
Höhe: 465 – 755 m ü. NN
Gewässer: Remsursprung
Naturschutzgebiete:
Weiherwiesen mit Moorseen (seit 1978 unter Naturschutz)
Geologische Besonderheiten:
Felsenmeer im Wental; Weiherwiesen auf der Albhochfläche
Gästebetten: 125

Baudenkmale:
Burgruine Lauterburg, Schloss Essingen, Schloss Hohenroden, Dorotheenhof (früheres Schloss), Evang, Pfarrkirche Essingen, Marienkapelle Essingen

Museen und sonstige Sehenswürdigkeiten:
Schaugarten "Der Hollandgärtner", ehem. Wachthaus als Teil der Wehrkirchenanlage aus dem 16. Jahrhundert., Schlosspark, Aussichtspunkt Falkensturz beim Teußenberg, Skizentrum Hirtenteich, Europas größte Pelargoniensammlung.

Bürgermeisteramt Essingen, Rathausgasse 9, 73457 Essingen,
Telefon: 07365/83-0; Fax: 07365/83-27
E-Mail: Gemeinde@Essingen.de
Internet: www.Essingen.de

73728 Esslingen 12

Die ehemals Freie Reichsstadt Esslingen am Neckar blickt auf eine über 1200jährige Geschichte zurück und bewegt sich rasant ins 21. Jahrhundert. Der mittelalterliche Stadtkern ist der einzige, der in solcher Geschlossenheit in der Region Stuttgart erhalten ist. Die älteste zusammenhängende Fachwerkhäuserzeile Deutschlands ist dort ebenso zu bestaunen wie Patrizier- und Weingärtnerhäuser, Kirchen, Pfleghöfe, Tore und Türme. Esslingers Erkennungszeichen und zugleich Baudenkmale von Rang sind die doppeltürmige Stadtkirche St. Dionys, die Buckelquader der erhaltenen Stadttore und -türme aus der Stauferzeit und die unverwechselbare Silhouette der Esslinger Burg mit Hochwacht, Seilergang und Dickem Turm. Ein Besuch bei der Sektkellerei Kessler, der ältesten Sektkellerei Deutschlands, lohnt es sich ebenso wie eine Weinprobe oder ein zukünftiges Wengertervesper in den Weinstuben und Weinkellern der Stadt.

Lage und Landschaft: am Mittleren Neckar zwischen Schurwald und Fildern, 14 km von Stuttgart
Höhe: 230 - 498 m ü. NN
Gewässer: Neckar
Gästebetten: 925
Wahrzeichen: „Burg" mit Dickem Turm und Hochwacht, Altes Rathaus, Stadtkirche St. Dionys

Baudenkmale:
Stadtkirche St. Dionys, Frauenkirche, Münster St. Paul, Franziskaner Kirche, Nikolauskapelle, versch. Pfleghöfe, Altes Rathaus, Neues Rathaus, Amtsgericht, Ritterbau, Palm'scher Bau, Stadtarchiv, Lateinschule, Schwörhaus, Spitalkelter, Kielmeyer - Haus (Stadtinformation) Des Sachsen Haus, Ratskeller, Hafenmarkt, Haus zum Einhorn, Gelbes Haus, „Zum Roten Löwen“, Esslinger Burg, Pliensauturm, Schelztor, Wolfstor

Museen und sonstige Sehenswürdigkeiten:
Städtische Galerie Villa Merkel und Bahnwärterhaus, Stadtmuseum im Gelben Haus, Ausgrabungsmuseum unter der Stadtkirche St. Dionys

Esslinger Stadtmarketing und Tourismus GmbH
Marktplatz 2, 73728 Esslingen am Neckar,
Telefon: 0711/39693969, Fax: 0711/39 693939,
e-mail: info@esslingen-tourist.de, Internet: www.esslingen-tourist.de

78567 Fridingen/Donau 30/35

Fridingen wird geprägt vom unter Ensembleschutz stehenden historischen Stadtkern. Mittelpunkt ist das Ifflinger Schloss, welches das Heimatmuseum und die Bücherei beherbergt. Umgeben von der reizvollen Landschaft des Naturparks „Obere Donau“ ist Fridingen ein beliebter Ferienort. Zahlreiche Vereine tragen zum kulturellen und sportlichen Angebot bei.

Lage und Landschaft: am Donauradweg im Oberen Donautal, zwischen Tuttlingen und Sigmaringen
Höhe: 600 - 800 m ü. NN
Gewässer: Donau und Bära
Naturschutzgebiete: Buchhalde, Stiegelesfelsen
Geologische Besonderheiten: Donauversickerung
Gästebetten: 200

Baudenkmale:
Ifflinger Schloss (15. Jh.), ensemblegeschützter historischer Ortskern, barocke St. Anna-Kapelle

Museen und sonstige Sehenswürdigkeiten:
Heimatmuseum „Oberes Donautal“ mit 7 Abteilungen, Gaststätte „Scharf Eck“ mit Bemalungen und Beschriftungen über die Fridinger Geschichte

Verkehrsamt im Rathaus, Kirchplatz 2, 78567 Fridingen a.D.
Telefon: 07463/837-0, Fax: 07463/837-50,
e-Mail: info@fridingen.de, Internet: www.fridingen.de

78665 Frittlingen 29

Frittlingen liegt am Fuß der Schwäbischen Alb, von der Gemeinde hat man einen herrlichen Panoramablick auf die Höhen des Heuberg. Im Norden der Gemeinde größere Waldungen. Günstiger Ausgangspunkt für Radwanderungen und Wanderungen für Bildungsinteressierte und Erholungssuchende.

Lage und Landschaft: am Fuße der Schwäbischen Alb, im Bereich der 10 Tausender (höchste Berge der Alb)
Höhe: 669 m ü. NN
Gästebetten: 40
Wahrzeichen: Kirche St. Hippolyth und Kassian

Baudenkmale:
Kirche St. Hippolyth und Kassian

Museen und sonstige Sehenswürdigkeiten:
in 10 km Entfernung - Altstadt Rottweil, Dominikaner Museum Rottweil, Geologisches Museum Dotternhausen

Gemeindeverwaltung Frittlingen, Hauptstraße 46, 78665 Frittlingen
Telefon: 07426/9624-0, Fax: 07426/9624-20,

e-mail: gemeinde@frittlingen.de, Internet: www.frittlingen.de

72501 Gammertingen 25

Die Stadt Gammertingen ist im malerischen Laucherttal ein wirtschaftlicher, kultureller und schulischer Mittelpunkt, aber auch ein beliebtes Naherholungsgebiet inmitten einer herrlichen Landschaft der Schwäbischen Alb. Der besondere Reiz des Laucherttales liegt neben der Vielfältigkeit der Landschaft vor allem in der Stille und der Ungestörtheit der Natur. Erholungssuchenden sowie sportlich Aktiven bieten sich zahlreiche Möglichkeiten: Wandern und Radfahren auf gut ausgeschilderten Strecken und Routen im Tal und auf der Albhochfläche, Kutsch- und Planwagenfahrten, Kneippanlage, etc..

Lage und Landschaft: zwischen Stuttgart (ca. 75 km) und Bodensee (ca. 80 km) im Tal der Lauchert, Nebenfluss der Donau
Höhe: 650 - 814 m ü. NN
Gewässer: Lauchert, Fehla
Naturschutzgebiete: Fehlatal
Geologische Besonderheiten: Teufelstorfelsen, Wendelsteinfelsen
Gästebetten: 100
Wahrzeichen: Kirche St. Leodegar

Baudenkmale:
Gammertingen: Kirche St. Leodegar, Rathaus (ehem. Schloss), St. Michaelskapelle (14. Jhdt), Ruine Baldenstein (Altes Schloss; Ortsteil Mariaberg: Kloster und Klosterkirche; Ortsteil Feldhausen: St. Nikolauskirche

Verkehrsamt, Hohenzollernstraße 5, 72501 Gammertingen
Telefon: 07574/406-0, Fax: 07574/406-46,
e-mail: stadt.gammertingen@t-online.de, Internet: www.gammertingen.net

73312 Geislingen an der Steige 14

Die Fünftälerstadt liegt herrlich in die Landschaft eingebettet, von Höhen der Schwäbischen Alb umschlossen. Historische Bauwerke und eindrucksvolle Fachwerkhäuser sind Zeugen einer Traditionsreichen Geschichte. Gute Ausflugs- und Wandermöglichkeiten.

Lage und Landschaft: fünf Albtäler bilden den Talkessel, in dem das durch den 1847 - 1850 angelegten Eisenbahnalbaufstieg bekannt gewordene Geislingen gelegen ist.
Höhe: 410 - 785 m ü. NN
Gewässer: Fils
Naturschutzgebiete: Eybtal mit Teilen des Längen- u. Rohrachtales
Geologische Besonderheiten: Höhlen: Mordloch; Berge: Schildwacht 665 m, Himmelsfelsen 610m, Tegelberg 698 m, Michelsberg 750 m
Gästebetten: 188

Baudenkmale:
Eine im wesentlichen unveränderte mittelalterliche Stadtanlage aus dem 13. Jahrhundert. Die Kernstadt ist nach typischen Merkmalen staufischer Städtegründungen angelegt. Ev. Stadtkirche (1424 - 1428, 63 m hoher Turm, Basilika), Ev. Pfarrhaus (15. Jahrhundert), Kohn´sches Haus (um 1530), Alter Zoll (um 1495), Altes Rathaus (1422) mit Glockenspiel, Schubarthaus (15. Jahrhundert), Helfensteiner Stadtschloss (14. Jahrhundert), Alter Bau (1445), Kornschreiberhaus (1397), Ruine Helfenstein (1100) und Ödenturm (um 1400)

Museen und sonstige Sehenswürdigkeiten:
Heimatmuseum im Alten Bau (u.a. 28 Meter langes Modell der Geislinger Steige), Rot-Kreuz-Museum (Ausstellung verschiedener Rettungsgeräte des DRK und der Bergwacht), Südmährisches Landschaftsmuseum (Geschichte der Südmährischen Volksgruppe), Veteranenclub Eybach (Ausstellung verschiedener alter Motorrad-Modelle); Forellenbrunnen in der Fußgängerzone

Touristik- und Kulturbüro in der MAG,
Schillerstraße 2, 73312 Geislingen an der Steige, Telefon: 07331/24-266,
Fax: 07331/24-376, e-mail: info@geislingen.de, Internet: www.geislingen.de

89547 Gerstetten 15

Gerstetten ist vermutlich nach der alemannischen Landnahme im 6./7. Jahrhundert entstanden, wurde aber erstmals 1116/1120 urkundlich erwähnt. Der Ortsname kommt wahrscheinlich vom Personennamen "Gero". Gerstetten war ein wichtiger Salzhandelsplatz und hat ein altes Marktrecht. Im Zuge der Gemeindereform wurden zwischen 1971 und 1974 die Gemeinden Dettingen, Gussenstadt, Heuchlingen und Heldenfingen eingemeindet. Auch die beiden Weiler Heuchstetten und Sontbergen zählen zur 92.429.918 Quadratmeter umfassenden Gemarkungsfläche von Gerstetten auf der Schwäbischen Alb mit seinen fast 12.000 Einwohnern.

Lage und Landschaft:: Auf der Albhochfläche zwischen den Städten Heidenheim, Geislingen und Ulm, inmitten großer Wälder, Heideflächen und landwirtschaftlicher Nutzfläche. Erreichbar über die Autobahn A7 oder die B 19.
Höhe: zwischen 470 m ü. NN (Brenztal, Bindsteinmühle) und 680 m ü. NN (Hochberg)
Gewässer: periodische Quelle im Hungerbrunnental, Eglenseen, Brenz
Naturschutzgebiete: große und vielzählige Heideflächen mit seltenen Pflanzen (Hungerbrunnental, Erpfenhauser Heide, Rüblinger Heide...)
Geologische Besonderheiten:
Rifflage der Gemeinde Gerstetten, das Heldenfinger Kliff, der Küstenfels des Urmeeres, Heuchstetter Höhle, Trockental mit periodischer Quelle (Hungerbrunnental bei Heldenfingen)
Gästebetten: ca. 70

Baudenkmale:
Bahnhof und Bahnhotel mit Stucksaal in Gerstetten, altes Rathaus, Jakobskirche in Sontbergen, Michaelskirche in Gerstetten

Museen und sonstige Sehenswürdigkeiten:
Riff-Museum im Gerstetter Bahnhof, Eisenbahnmuseum im Bahnhof, historische Dampfzugfahrten zwischen Gerstetten und Amstetten, Heimat -Museum im Ursulastift in Gerstetten-Gussenstadt, Wasserturm mit Aussichtsplattform, Falkenstein (Burg), vielseitiges Rad- und Wanderwegenetz

Rathaus Gerstetten, Wilhelmstr.31, 89547 Gerstetten,
Tel. 07323-8445, Fax. 07323-8418,
E-Mail: rathaus@Gerstetten.de,
Internet: www.gerstetten.de

89537 Giengen/Brenz 16

Erstmals wurde Giengen an der Brenz 1078 erwähnt und besitzt seit dem 12. Jahrhundert Stadtrechte. Seit dem 14. Jahrhundert ist Giengen Freie Reichsstadt. Im 30-jährigen Krieg wurde die Stadt völlig vernichtet. Wirtschaftliche Blüte durch die Firmen Steiff und Haehnle im 19. Jahrhundert.

Lage und Landschaft: an der Brenz (Nebenfluß der Donau)
Höhe: 464 m ü. NN
Gewässer: Brenz, Hürbe
Naturschutzgebiete: Wacholderheiden
Geologische Besonderheiten: Charlottenhöhle, mit 587 m eine der längsten Schauhöhlen Süddeutschlands
Gästebetten: 340
Wahrzeichen: Stadtkirche mit ungleichen Türmen

Baudenkmale:
Stadtkirche, mittelalterliche Befestigungsreste

Museen und sonstige Sehenswürdigkeiten:
Heimat-/Stadtmuseum, Steiff-Museum (mit Werksverkauf)

Amt für Kultur, Sport & Touristik, Im Schlössle 11, 89537 Giengen, Tel. 07322/952292, Fax 07322/952264, e-mail: tourist-info@giengen.de, Internet: www.giengen.de

73033 Göppingen 13

Göppingen, eine alemannische Siedlungsgründung, wurde im 12. Jh. unter den Staufern zur Stadt erhoben. Nach Ende der Dynastie kam Göppingen um 1300 unter württembergische Hoheit. Der Wiederaufbau nach einem Brand im Jahre 1782 erfolgte im klassizistischen Stil. Der schachbrettförmige Stadtgrundriss prägt heute noch das Zentrum der Stadt. In der zweiten Hälfte des 19. Jh. entwickelte sich Göppingen zu einer der bedeutensten Industriestädte im Königreich Württemberg.

Lage und Landschaft: am Fuße des 684 m hohen historischen Kaiserbergs Hohenstaufen im Tal der Fils
Höhe: 319 (Stadt) - 683,8 (Berg Hohenstaufen) m ü. NN
Gewässer: Fils
Naturschutzgebiete: Spielburg (Trockenbiotop)
Geologische Besonderheiten: Kaiserberg Hohenstaufen, Spielburg, Mineralwasservorkommen
Gästebetten: 645 + Jugendherberge Göpp.-Hohenstaufen 130
Wahrzeichen: Kaiserberg Hohenstaufen (+ Burgruine)

Baudenkmale:
Christophsbad (Badgebäude), Altes E-Werk (heute Rathaus), Villa Butz, Standesamt, Oberhofenkirche, Villen Böhringer (Wolfstr.), Villa Schuler (Olgastr.), Adelberger Kornhaus, Alter Kasten mit Stadtmauerresten

Museen und sonstige Sehenswürdigkeiten:
Städt. Museum im „Storchen", Städt. Naturkundliches Museum, Jüdisches Museum, Städt. Galerie Göppingen, Märklin Museum, Dokumentationsraum für staufische Geschichte, Schönhengster Archiv und Heimatstube Göppingen, Heimatstube und Dokumentation der Banater Schwaben in Göppingen, Göppinger Renaissance-Schloss mit „Rebenstiege", Oberhofenkirche, Stadtkirche, Stiftskirche in Göppingen-Faurndau

Tourist Information, Hauptstr. 1, 73033 Göppingen, Telefon: 07161/650-292 und 650-293,Fax: 07161/650-299, Internet: www.goeppingen.de

72532 Gomadingen 19

Ein zwischen 650 und 800 m hoch liegender idyllischer Albort; ausgedehnte Buchenwälder, Wacholderheiden und das malerische Tal der Großen Lauter mit dem weit über das Land hinaus bekannten Haupt- und Landesgestüt Marbach, sind einige der Kennzeichen des staatlich anerkannten Luftkurortes Gomadingen.

Lage und Landschaft: Hochfläche der Schwäbischen Alb an der Quelle der Großen Lauter
Höhe: 648 m ü. NN
Gewässer: Große Lauter
Geologische Besonderheiten: Sternborg
Gästebetten: ca. 600 Betten
Wahrzeichen: Sternbergturm, Haupt- und Landesgestüt Marbach

Museen und sonstige Sehenswürdigkeiten:
Gestütsmuseum, ehemalige Klosterkirche in Offenhausen, Haupt- und Landesgestüt Marbach, Lauterquelle Offenhausen, Sternbergturm (mit Wanderheim), Ausstellung „Landwirtschaftliche Geräte aus alter Zeit" und Felix-Hollenberg-Galerie im Rathaus, Lehrpfade, Planetenwanderweg, Ruine Blankenstein

Tourist - Information, Marktplatz 2, 72532 Gomadingen
Telefon: 07385/9696-33, Fax: 07385/9696-22,
e-mail: info@gomadingen.de, Internet: www.gomadingen.de

78559 Gosheim 29

Gosheim wurde 1295 als „Gossheim" erstmals urkundlich erwähnt. Die Form des Ortsnamens und der 1355 beim Verkauf des Ortes an das Kloster Alpirsbach nachweisbare Besitz des Klosters Reichenau lässt auf eine frühmittelalterliche Ortsgründung schließen. 1805 wurde Gosheim württembergisch.

Lage und Landschaft: am Fuße des Lemberges (mit 1015 m die höchste Erhebung der Schwäbischen Alb).
Höhe: 850 m ü. NN
Gewässer: Die Bära
Naturschutzgebiete: Naturpark „Obere Donau", Landschaftsschutzgebiet „Albtrauf"
Geologische Besonderheiten: Lemberg
Gästebetten: 27
Wahrzeichen: Lemberg und „Wunderfichte"

Baudenkmale:
Kirchturm

Bürgermeisteramt, Hauptstraße 47, 78559 Gosheim
Telefon: 07426/9612-0, Fax: 07426/9612-20,
e-mail: info@gosheim.de, Internet: www.gosheim.de

72401 Haigerloch 23

Das Fliederstädtchen, das Felsenstädtchen, das barocke Kleinod und „Wiege der Atomforschung" – viele Namen hat man dem Städtchen im Eyachtal schon gegeben. All die Attribute zeigen die verschiedenen Blickwinkel, unter denen man die Stadt Haigerloch charakterisieren kann und weisen zugleich auf ein liebenswertes Städtchen hin.

Lage und Landschaft: eingeschnitten im Eyachtal am Rande der Schwäbischen Alb
Höhe: 450 - 550 m ü. NN
Gewässer: Eyach
Geologische Besonderheiten: schroffe Muschelkalkfelswände, kleine Höhlen
Gästebetten: 230
Wahrzeichen: Römerturm, Schloss

Baudenkmale:
St. Anna Kirche, Römerturm, Ev. Kirche, Atomkeller-Museum, Schloss, Schlosskirche, Großbayerhaus Ölmühle

Museen und sonstige Sehenswürdigkeiten:
Atomkeller-Museum, Barockkirchen, Abendmahl n. L. da Vinci, Jüdischer Friedhof, Schlossanlage, Galerien, historische Altstadt, Stadtführungen

Stahlbad Imnau:
Das Stahlbad Imnau ist ein Sanatorium und eine Homöopathische Kurklinik, ist als beihilfefähig anerkannt und hat mit den Krankenkassen einen Versorgungsvertrag, eignet sich daher für einen stationären Kuraufenthalt ebenso, wie für eine ambulante Badekur. Aber auch Privatgäste sind herzlich willkommen. Im Stahlbad Imnau wird auch die Kneipp-Kur als ganzheitliches Verfahren zur Wiederherstellung vollkommener Gesundheit neben anderen Therapien, wie Homöopathie, Rhytotherapie, u.v.m. eingesetzt.

Tourist-Info der Stadt Haigerloch, Oberstadtstr. 11, 72401 Haigerloch
Telefon: 07474/697-26/-27, Fax: 07474/6068,
e-mail: verkehrsamt@haigerloch.de, Internet: www.haigerloch.de

72534 Hayingen 26

Die Stadt Hayingen erhielt die Stadtrechte bereits im 12. Jh. durch die Herren von Gundelfingen. Früher war der Ort eine typische Handwerkerstadt. Aus dieser Zeit stammen auch noch viele der Fachwerkhäuser im Ortskern. Heute findet man in Hayingen kleinere Handwerksbetriebe und ein Zweigwerk der WMF. Hayingen entwickelte sich zunehmend auch zu einem Fremdenverkehrsort mit zahlreichen Übernachtungs- und Gästeangeboten und nicht zuletzt durch das Feriendorf „Treff-Lauterdörfle“.

Lage und Landschaft: Hochfläche der Schwäbischen Alb oberhalb des Großen Lautertals
Höhe: 550 - 803 m ü. NN
Gewässer: Lauter, Donau, Aach
Naturschutzgebiete: Wacholderheide Digelfeld (Naturschutzgebiet)
Großes Lautertal (Landschaftsschutzgebiet)
Geologische Besonderheiten: Wimsener Höhle (einzige, mit dem Boot befahrbare Wasserhöhle Deutschlands)
Gästebetten: 925

Baudenkmale:
ehem. Stadtbefestigung mit Kappenturm und Wehrgang, zahlreiche Burgruinen im Lautertal

Sonstige Sehenswürdigkeiten:
Spätgotische Kirche St. Vitus, zahlreiche Fachwerkbauten im Ortskern, Naturtheater

Gäste-Information, Kirchstr. 15, 72534 Hayingen
Telefon: 07386/9777-23, Fax: 07386/9777-33
e-mail: info@hayingen.de, Internet: www.hayingen.de

72379 Hechingen 24

Die Stadt Hechingen wurde erstmals in einer Schenkungsurkunde des Klosters St. Gallen aus dem Jahre 786 urkundlich erwähnt. Hechingen liegt am Nordwestrand der Schwäbischen Alb und ist nach Albstadt und Balingen die drittgrößte Stadt im Zollernalbkreis.

Lage und Landschaft: am Nordwestrand der Schwäbischen Alb am Fuße der Hochenzollernburg
Höhe: 430 - 854 m ü. NN
Gewässer: Starzel
Geologische Besonderheiten: der Alb vorgelagert, Bergkegel auf dem die Burg Hohenzollern 855 m thront (Zeugenberg)
Gästebetten: 307
Wahrzeichen: Burg Hohenzollern, Stiftskirche, Unterer Turm, Rathaus

Baudenkmale:
Stadtmauer/Innenstadt, Neues und Altes Schloss, „Fürstliches Jagd- und Lustschloss“ Lindich (1738), Fürstengarten mit Villen, Stifts- und Stadtkirche St. Jakobus (1779), St. Luzen, Spitalkirche (1602-1603), Heiligkreuzkapelle, Ev. Pfarrkirche (Johannes-Kirche), Synagoge, Burg Hohenzollern (Stammsitz des süddeutschen Grafengeschlechts, erbaut 1454 - 1460)

Museen und sonstige Sehenswürdigkeiten:
Städtisches Museum im „Alten Schloss" mit den Sammlungsbereichen Hohenzollerische Landessammlung, Vor- und Frühgeschichte, Bürgerwehrausstellung, Steubenausstellung und Städtische Sammlung; Römisches Freilichtmuseum; Heimatmuseum Stetten; Alte Synagoge mit ständiger Ausstellung zur jüdischen Gemeinde Hechingen

Tourist-Information im Rathaus, Marktplatz 1, 72379 Hechingen
Telefon: 07471/940-114, Fax: 07471/940-108,
e-mail: tourist-info@hechingen.de, Internet: www.hechingen.de

89522 Heidenheim 15

Fast scheint es, als würde sich Heidenheim in der Natur verstecken. Dabei ist die Stadt ein wirtschaftliches und kulturelles Zentrum Ostwürttembergs.
Schloss Hellenstein, auf einem Massenkalkfelsen trohnend, erhebt sich über der Altstadt mit ihren historischen Fachwerkhäusern.

Lage und Landschaft: Brenztal, Schwäbische Alb (Ostalb)
Höhe: 478 - 645 m ü. NN
Gewässer: Brenz
Naturschutzgebiete: Eselsburger Tal, Felsenlandschaften, Heideflächen
Geologische Besonderheiten: Dolinen, Bohnerzgruben, Steinheimer Becken, Meteorkrater, Karstquellenweg, Europäische Wasserscheide
Gästebetten: 534, 120 Jugendherberge, 55 Naturfreundehaus
Wahrzeichen: Heidenkopf (Wappen), Schloss Hellenstein

Baudenkmale:
Altes Eichamt, Dekanatsgebäude, Konzerthaus, Michaelskirche, Pauluskirche, Alte Oberamtei, Altes Rathaus, Burg und Schloss Hellenstein, Türmle, Totenbergkapelle, Kirche in Großkuchen, Michaelskirche in Schnaitheim, Altes Pfarrhaus in Schnaitheim, Schnaitheimer „Schlössle"

Museen und sonstige Sehenswürdigkeiten:
Kunstmuseum; Hermann-Voith-Galerie mit größter Picasso-Plakate-Sammlung der Welt; Museum für Kutschen, Chaisen, Karren; Zweigmuseum des Württ. Landesmuseums, Südwestdeutscher Landverkehr v. 18. - 20. Jh.; Museum im Römerbad; Schloss Hellenstein, Vor- und Frühgeschichte, Stadtgeschichte; Heidenschmiede, Lagerplatz a.d. mittleren Altsteinzeit; Webersiedlung, „Im Flügel", Köhlerei

Tourist-Information, Hauptstr. 34, Elmar-Doch-Haus, 89522 Heidenheim
Telefon: 07321/327340, Fax: 07321/327687

89542 Herbrechtingen 15

Herbrechtingen beherbergte das älteste Kloster im Landkreis Heidenheim. Schon Karl der Große besaß dort einen Gutshof. Die Attraktivität dieser noch überschaubaren Kleinstadt geht hauptsächlich von der schönen Lage zwischen Wäldern und Heideflächen aus. Hier treffen Sie noch den Schäfer mit seiner Herde.

Lage und Landschaft: zwischen Wäldern und Heideflächen im Tal der Brenz
Gewässer: Fluss Brenz
Naturschutzgebiete: Eselsburger Tal, Lonetal in Bissingen
Geologische Besonderheiten: Steinerne Jungfrauen
Wahrzeichen: Steinerne Jungfrauen

Baudenkmale:
1200 Jahre altes Kloster Herbrechtingen

Museen und sonstige Sehenswürdigkeiten:
Heimatmuseum, Museum der Donauschwaben, Steinerne Jungfrauen und Eselsburger Tal

Stadtverwaltung Herbrechtingen, Lange Str. 58, 89542 Herbrechtingen
Telefon: 07324/955-0, Fax: 07324/955-140

72535 Heroldstatt 19

Im Zuge der Gemeindereform wurde die Gemeinde Heroldstatt 1973 aus den bis dahin selbständigen Gemeinden Sontheim und Ennabeuren gebildet. Der Gemeindename führt auf eine im 13. oder 14. Jahrhundert abgegangene westlich von Ennabeuren gelegene Siedlung zurück. Die Gemeinde gehört seit 1973 zum Alb-Donau-Kreis und ist landwirtschaftlich geprägt.

Lage und Landschaft:

Albhochfläche, mittlere Kuppenalb, leicht hügelige Landschaft
Höhe: 730 - 810 m ü. NN
Geologische Besonderheiten: Sontheimer Höhle
Gästebetten: 30

Museen und sonstige Sehenswürdigkeiten:
Neue Ortsmitte, gepflegte Ortsteile, Windkraftanlage, Sontheimer Höhle

Bürgermeisteramt, Am Berg 1,72535 Heroldstatt
Telefon: 07389/9090-14, Fax: 07389/9090-90, Internet: www.heroldstatt.de

73540 Heubach 9

In einer Urkunde aus dem Jahr 1234 wurde die Stadt Heubach erstmals erwähnt. Ihre Geschichte hängt eng mit der Burg Rosenstein zusammen, deren Herren 1524 in die Stadt in das Schloss übersiedelten. Von 1579 – 1806 war Heubach württembergisches Oberamt. Einen wirtschaftlichen Aufschwung brachte im 18. Jahrhundert die Miederindustrie. Heubach – Stammsitz der weltbekannten Textilunternehmen TRIUMPH INTERNATIONAL AG und Susa. Mit Metallbetrieben, eine bedeutende Bauindustrie sowie Dienstleistungsunternehmen. Heute eine beliebte und moderne Stadt mit hohem Wohn- und Freizeitwert.

Lage und Landschaft:
Am Nordrand der Schwäbischen Alb – im Tal zwischen Scheuelberg, Nägelberg, Hochberg und Rosenstein.
Höhe: 465 m ü. NN
Gewässer: Klotzbach
Naturschutzgebiete:
Ostfelsen am Rosenstein (720 m), Scheuelberg – Felsenreihe mit Höhlen
Geologische Besonderheiten:
Himmelreichberg (689 m), Scheuelberg (717 m), Berg Rosenstein und Burgruine mit Höhlen: "Finsteres Loch", "Große Scheuer" (Schönste Grotte der Schwäbischen Alb 40m lang, 6m breit, 10m hoch) und "Haus". Weitere Höhlen: Im Turmbachtal die "Teufelsklinge" und am Scheuelberg unterhalb des Südfelsens "Jakobshöhle", "Fastnachtshöhle" und "Enges Loch".
Gästebetten: 116

Baudenkmale:
Rathaus (erbaut 1581), Marktbrunnen (erbaut 1777), Blockturm – ein Teil der früheren Wehranlage (erbaut 1473), evangelische Stadtkirche St. Ulrichskirche – ursprünglich eine romanische Basilika mit gemaltem Passionszyklus (erbaut 1581), Woellwarthsches Schlossgebäude mit Stadtbibliothek (erbaut 1524) restauriert in den 90er Jahren.

Museum: Miedermuseum im Rathaus

Stadtverwaltung, Hauptstraße 53, 73540 Heubach
Telefon: 07173/181-53/54, Fax: 07173/181-59
E-mail: info@heubach.de

73345 Hohenstadt 20

Wohngemeinde auf der Albhochfläche, Mitglied im Gemeindeverwaltungsverbund „Oberes Filstal“ und damit auch noch nach der Gemeindereform selbständig. Hohenstadt liegt auf einem der höchsten Punkte der Alb in einer reizvollen Landschaft.

Lage und Landschaft: Mittlere Kuppenalb
Höhe: 835 m ü. NN
Naturschutzgebiete: ca. 800 ha Landschaftsschutzgebiete
Geologische Besonderheiten: Europäische Wasserscheide 785 m, höchst gelegene Gemeinde im Regierungsbezirk Stgt.
Gästebetten: 50 und Campingplatz

Wahrzeichen: Kath. Kirche St. Margaretha

ⓘ Bürgermeisteramt, Schulstraße 9, 73345 Hohenstadt
Telefon: 07335/5033, Fax: 07335/7138

72531 Hohenstein 25

Flächengemeinde im Landkreis Reutlingen, gebildet aus den alten Bauerndörfern Bernloch, Eglingen, Meidelstetten, Oberstetten und Ödenwaldstetten, umgeben von Wäldern, Kuppen, Wacholderheiden, Trockentälern, Äckern und Wiesen.

Lage und Landschaft: Auf der Hochfläche der mittleren Kuppenalb südwestlich des Großen Lautertals
Höhe: 683 - 830 m ü. NN
Gästebetten: 60; Ferien auf dem Bauernhof

Museen und Sehenswürdigkeiten:
Bauernhausmuseum mit Bauerngarten in Ödenwaldstetten, Ruine Hohenstein, Hüle in Bernloch und Oberstetten (diente früher der öfflichen Wasserversorgung), Aussichtspunkt Dachenstein, Kutschfahrten

ⓘ Bürgermeisteramt, Im Dorf 14, 72531 Hohenstein
Tel. 0 73 87/9870-0, Fax. 0 73 87/9870-29,
e-mail: rathaus@gemeinde-hohenstein.de

73271 Holzmaden/Urwelt-Museum Hauff 13

Die Gegend rings um den Ort Holzmaden/Teck am Fuße der Schwäbischen Alb ist weltbekannt als Fundgebiet für Fossilien aus den Posidonienschiefern - Meeresablagerungen, die vor 180 Millionen Jahren am Grunde des Jurameeres entstanden sind. Im Urwelt - Museum Hauff sind auf 1000 m^2 Ausstellungsfläche mehr als 500 Präparate zu besichtigen. Es ist das größte private Naturkundemuseum Deutschlands. Die Sammlung umfasst Ichthyosaurier, Plesiosaurier, Krokodile, Flugsaurier, Fische und zahlreiche wirbellose Tiere. Zu den bekanntesten Ausstellungsstücken gehört ein fast 4m langes Ichthyosaurier - Muttertier mit 5 Embryonen im Leib sowie die weltgrößte Kolonie von Seelilien mit über 100 m^2. Dreidimensionale Schaubilder und Modelle von Sauriern sowie lebensgroße Dinosaurier im Außenbereich geben Aufschluss über das Leben zur Jurazeit.

Öffnungszeiten: ganzjährig Dienstag - Sonntag 9.00 - 17.00 Uhr
Urwelt - Museum Hauff, Aichelbergerstr. 90, 73271 Holzmaden,
Tel. 07023/2873, Fax 07023/4618,
e-mail: hauff@urweltmuseum.de, Internet: www.urweltmuseum.de
Im Schieferbruch Kromer (Tel.: 07023/4703) in Ohmden kann in Kombination mit dem Museumsbesuch nach Fossilien gesucht werden.

72584 Hülben 19

Die Gemeinde liegt auf der Albhochfläche auf der weitvorgestreckten sogenannten Erkenbrechtsweiler Berghalbinsel, die im Bereich der „Schröcke" (südlich Grabenstetten) eine nur ca. 40 m breite Landzunge mit dem eigentlichen Albmassiv verbindet. An den Markungsgrenzen fällt die Schwäbische Alb steil in die Seitentäler des Neckartals ab.

Lage und Landschaft: ländlich gelegen auf der Schwäbischen Alb über Bad Urach
Höhe: 715 m ü. NN
Naturschutzgebiete: Landschaftsschutzgebiet „Reutlinger und Uracher Alb"
Geologische Besonderheiten: kleine Tropfsteinhöhle, Steinbrüche
Gästebetten: 35
Wahrzeichen: Hüle (oder Hülbe) in der Ortsmitte, woher auch der Gemeindename kommt

Baudenkmale:
Reste der keltischen Befestigungsanlage „Heidengraben"

Museen und sonstige Sehenswürdigkeiten:
privates Tiergehege, herrliche Tal- und Fernsicht entlang des Albtraufs

Bürgermeisteramt, Postfach 20, Hauptstraße 1, 72584 Hülben
Telefon: 07125/9686-0, Fax: 07125/9686-20

73460 Hüttlingen 10

Die Ursprünge der selbständigen und mittlerweile 5800 Einwohner zählenden Gemeinde gehen bis in die Alemannische Zeit des Sippenführers „Hutilo" zurück. Während des Römischen Reiches führte der „Rätische Limes" durch den Ort. Die ersten urkundlichen Hinweise finden sich 1024 in einer Urkunde von Kaiser Heinrich II.

Lage und Landschaft: am markanten Kocherknie zwischen den Zentren Aalen und Ellwangen. Am überregionalen „Kocher-Jagst-Radweg" und an der „Deutschen Limesstraße" gelegen.
Höhe: 390 - 506 m ü. NN
Gewässer: Kocher
Geologische Besonderheiten: Filgenbachwasserfall
Gästebetten: 45 in Gasthöfen und Ferienwohnungen, 105 in der Marienburg Niederalfingen, Schullandheim (nur größere Gruppen)
Wahrzeichen: Marienburg Niederalfingen

Baudenkmale:
Marienburg Niederalfingen, Vogteigebäude (Heimatmuseum), Friedhofskapelle aus dem 14. Jh.

Museen und sonstige Sehenswürdigkeiten:
Heimatmuseum im historischen Vogteigebäude, Limesanlage am Kocher, Marienburg Niederalfingen, Schächergruppe bei der Kocherbrücke, Filgenbachwasserfall

Bürgermeisteramt, Schulstraße 10, 73460 Hüttlingen
Telefon: 07361/9778-13, Fax: 07361/71220, e-mail: gemeinde@huettlingen.de

78597 Irndorf 30

Die ca. 750 Einwohner große Gemeinde hat eine sehr schöne Lage im Herzen des Naturparks „Obere Donau", direkt über dem Kloster Beuron. Die Gemeinde ist selbständig und dem Gemeindeverwaltungsverband Donau-Heuberg angeschlossen.

Lage und Landschaft: auf der Südabdachung der Schwäbischen Alb bzw. dem Heuberg, Bäratal und Donautal im Naturpark Obere Donau
Höhe: 786 - 889 m ü. NN
Gewässer: Donau
Naturschutzgebiete: Irndorfer Hardt, Holzwiesen Simonstal, Magerrasen, Trockental
Geologische Besonderheiten: Weißjurakalk, Erdfälle und Dolinen, Wasserhülben
Gästebetten: 175
Wahrzeichen: Kirchturm und Turm der Gottesacker Kirche

Baudenkmale:
Pfarrkirche St. Peter erbaut 1848, ausgemalt mit Beuroner Kunst; Gottesackerkirche erbaut ca. 1615

Museen und sonstige Sehenswürdigkeiten:
Markante Aussichtspunkte ins Donautal: Eichfelsen, Rauher Stein, Spaltfelsen; 2 Naturschutzgebiete, Baumlehrgarten; Finstertal (Trockental, Schneeglöckchen)

Gemeindeverwaltung, Staigstr. 4, 78597 Irndorf
Telefon: 07466/227, Fax: 07466/1631

73489 Jagstzell 6

Eine Gemeinde, deren Namen das Dorf historisch lokalisiert: Eine Zelle an der Jagst! Ihr Entstehen im engen Jagsttal verdankt die Gemeinde der vor ca.1 000 Jahren erfolgten Gründung eines Frauenklosters. Jagstzell gehört naturräumlich zu den Weiten des „Virngrundes“, diese erfahren durch das Jagsttal mit seinen Seitentälern eine abwechslungsreiche Unterbrechung.

Lage und Landschaft: zwischen den großen Kreisstädten Ellwangen und Crailsheim im Jagsttal (Virngrund)
Höhe: 409 - 516 m ü. NN
Gewässer: Jagst
Gästebetten: ca. 20

Baudenkmale:
Nikolauskapelle zu Kouerstadt, Katholische Pfarrkirche, St. Barbara Kapelle, Christuskirche, Kapelle „Matzenbacher Bild“

Gemeindeverwaltung, Hauptstr. 6, 73489 Jagstzell
Telefon: 07967/90600, Fax: 07967/906025,
e-mail: info@jagstzell.de, Internet: www.jagstzell.de

73467 Kirchheim am Ries 11

Kirchheim bildet die Grenze zwischen dem Westrand des Rieses und der Schwäbischen Alb.

Lage und Landschaft: Ostalb, am Übergang der Schwäbischen Alb zum Nördlinger Ries
Höhe: 436 - 619 m ü. NN
Naturschutzgebiete: Blasienberg
Gästebetten: 100

Baudenkmale:
Klosteranlage, Klosterkirche (18. Jh.), Stiftskapelle (13. Jh.), ehemaliges Zisterzienserkloster (14./15. Jh.)"

Gemeindeverwaltung, Auf dem Wört 7, 73467 Kirchheim am Ries,
Telefon: 07362/3028 u. 3029, Fax 07362/3069

73230 Kirchheim unter Teck 13

Mittelpunkt der Region um die Burg Teck, Große Kreisstadt mit historischer Altstadt und breitem Kultur- und Freizeitangebot, Naherholungsgebiete mit Segelfluggelände Hahnweide, naturnahe 18-Loch-Golfanlage, idealer Ausgangspunkt für Touren in's Neckartal oder auf die Albhochfläche.
Lage und Landschaft: Am Fuße der Mittleren Schwäbischen Alb, Hügellandschaft mit Streuobstwiesen.
Höhe: 311 m ü. NN
Gewässer: Am Zusammenfluss von Lindach und Lauter
Naturschutzgebiete: Wiestal (Feuchtwiesen), Bürgerseen (Trockenwiesenheide)
Geologische Besonderheiten: Urwelt-Museum Hauff (5 km)
Gästebetten: 500

Baudenkmale:
Renaissance-Schloss (ursprünglich Wasserschloss, 1538-1543 unter Herzog Ulrich errichtet), Gotische Martinskirche (14./15. Jh., Turm mit "Welscher Haube" und Laterne) Fachwerk-Rathaus mit Mondphasenuhr (eines der schönsten im Land), Kornhaus (von Herzog Ulrich um 1550 erbaut), Max-Eyth-Haus (beherbergte eine der ersten Lateinschulen des Landes, 1249), Spital (mittelalterliche Einrichtung, 14. Jh.).

Museen und sonstige Sehenswürdigkeiten:
Fürstenzimmer im Schloss, Städtisches Museum im Kornhaus, Literarisches Museum im Max-Eyth-Haus, Stadtmauer mit Basteien und viele historische Märkte.

Verkehrsamt, Max-Eyth-Straße 15, 73230 Kirchheim unter Teck
Telefon (07021) 30 27, Telefax (07021) 48 05 38
E-Mail: tourist@kirchheim-teck.de, www.kirchheim-teck.de

78598 Königsheim 30

Eine ländliche Gemeinde in ruhiger und sonniger Lage. Die Gemeinde verfügt über zahlreiche ausgebaute Wanderwege.

Lage und Landschaft: Südwestalb, Großer Heuberg
Höhe: 885 m ü. NN
Gästebetten: 10

Bürgermeisteramt, 78598 Königsheim, Tel. 07429/2327, Fax 07429/99019
Telefon: 07429/2327, Fax: 07429/99019

78600 Kolbingen 30

Der staatlich anerkannte Erholungsort liegt auf der sonnenreichen Hochfläche des Heubergs. Kolbingen ist heute eine moderne Gemeinde mit guter Infrastruktur und hohem Wohnwert. Das lebendige und bürgerliche Leben wird von zahlreichen Vereinen gestaltet. Die Ortsmitte wird von einem schmucken Dorfplatz mit großen Linden geziert. Wahrzeichen von Kolbingen ist die „Kolbinger Höhle", die größte begehbare Tropfsteinhöhle der Südwestalb.

Lage und Landschaft: Erholungsort, Heuberggemeinde im Landkreis Tuttlingen
Höhe: 850 m ü.NN
Naturschutzgebiet: Hintelestal
Geologische Besonderheiten: Tropfsteinhöhle

Baudenkmale: St. Xystus-Kirche (Denkmalschutz)

Aussichtspunkte und sonstige Sehenswürdigkeiten:
Rappen- und Wachtfelsen, 18 m hohe Aussichtsturm Gansnest, Schneeglöckchenblüte im Hintelestal

Bürgermeisteramt, Hauptstr.3, 78600 Kolbingen,
Tel. 07463/97083, Fax 07463/97085, e-mail: info@kolbingen.de
Internet: www.kolbingen.de

89150 Laichingen 20

Die Gründung der Stadt erfolgte wahrscheinlich im 3. Jh. n.Chr. Es wird vermutet, dass sie ihren Namen von „Laicho", einem der ersten Häuptlinge der dort angesiedelten alemannischen Sippen, erhalten hat. Urkundlich wurde die Stadt erstmals im Jahre 805 im Zusammenhang mit dem Kloster Lorsch erwähnt und hat seither eine wechselvolle Geschichte durchgemacht.

Lage und Landschaft: mittlere Kuppenalb, im Alb-Donau-Kreis
Höhe: 750 - 810 m ü. NN
Naturschutzgebiete: Heidegebiete Galgenberg, Eichberg, Schallenloh, Kuhberg, Langes Tal, Nattenbuch
Geologische Besonderheiten: Tiefenhöhle
Gästebetten: ca. 130
Wahrzeichen: Kirchenburg

Baudenkmale: Kirchenburg, Altes Rathaus, Kirchen
Museen und sonstige Sehenswürdigkeiten:
Laichinger Tiefenhöhle, Museum für Höhlenkunde, Heimat- und Webereimuseum, Erholungsgebiet Westerlau mit Rot- und Schwarzwildgehege, Ev. Kirche im Stadtteil Machtolsheim mit farbiger Stuckdecke, Wasserturm mit Aussichtsplatte in Machtolsheim

Bürgermeisteramt, Bahnhofstr. 26, 89150 Laichingen
Telefon: 07333/85-16, Fax: 07333/85-25, e-mail: info@laichingen.de

73466 Lauchheim 11

Als römische Station am Limesweg zwischen den Kastellen Buch und Oberdorf, spätestens jedoch als fränkische Siedlung im Virngrund am Rande des alamannischen Härtsfeldes erhält Lauchheim seinen Namen (Locha = Grenzmarke), alte Deutschordenstadt

Lage und Landschaft: zwischen Virngrund, Ries und Härtsfeld im oberen Jagsttal
Höhe: 480 - 650 m ü. NN
Gewässer: Jagst
Naturschutzgebiete: Gromberger Heide
Gästebetten: 42
Wahrzeichen: Oberes Stadttor, Schloss Kapfenburg

Baudenkmale:
Unterer Markt mit Bürger- und Judenhäusern, Barbarakapelle mit Fresken aus dem 15. Jh., Oberes Tor (1621), Kapfenburg (10., 13., 16., 18. Jh.) mit Bastei und Rittersaal, Lorenzkapelle (1719), St. Gangolf-Kirche (15. Jh., Nördlinger Schule) in Röttingen

Museen und sonstige Sehenswürdigkeiten:
Heimatmuseum im Oberen Tor mit archäologischen Funden

Stadtverwaltung, Hauptstraße 28, 73466 Lauchheim
Telefon: 07363/85 - 15, Fax: 07363 / 85-16.
e-mail: StadtLauchheim@compuserve.de, Internet: www.stadt-lauchheim.de

73111 Lauterstein 14

In Lauterstein bietet sich dem Erholungssuchenden im Sommer infolge der herrlichen landschaftlichen Lage und eines gut ausgebauten Wegenetzes zahlreiche Wander- und Radrouten an. Im Winter besteht bei günstigen Schneeverhältnissen auf kilometerlangen gespurten Loipen auf dem Albuch die Möglichkeit zu ausgedehntem Skilanglauf.

Lage und Landschaft: im engen Tal der Lauter am Rand der Schwäbischen Alb
Höhe: 542 m ü. NN
Gewässer: Lauter, Hochwasserrückhaltebecken Christental
Naturschutzgebiete: Heldenberg, Christental, Teile des Kalten Feldes (Wacholderheiden, Feuchtbiotope)
Geologische Besonderheiten: Aussichtsberge: Kreuzberg, Beutelfelsen
Gästebetten: 80
Wahrzeichen: früheres v. Rechberg'sches Schloss Weißenstein

Baudenkmale:
Schloss Weißenstein, Barocke Pfarrkirche Mariä Himmelfahrt Weißenstein, Friedhofskapelle Nenningen

Museen und sonstige Sehenswürdigkeiten:
Weltberühmte Pieta von Ignaz Günther in der Nenninger Friedhofskapelle

Stadtverwaltung, Hauptstraße 75, 73111 Lauterstein
Telefon: 07332/96690, Fax: 07332/966927

88637 Leibertingen 30

Leibertingen mit seinen Ortsteilen Altheim, Kreenheinstetten und Thalheim liegt im Herzen des Naturparks „Obere Donau". Die Höhenlage beschert das typische Klima der „Rauhen Alb" mit überdurchschnittlich vielen Sonnentagen. Leibertingen ist eine junge Gemeinde mit umfangreicher Tradition und weit zurückreichender Geschichte.

Lage und Landschaft: Naturpark „Obere Donau"
Höhe: 610 - 850 m ü. NN
Geologische Besonderheiten: Donaudurchbruch
Gästebetten: 80 und 150 in der Jugendherberge Burg Wildenstein

Wahrzeichen: Burg Wildenstein

Baudenkmale: Burg Wildenstein
Museen und sonstige Sehenswürdigkeiten:
Abraham a Santa Clara Stube

Bürgermeisteramt, Rathausstr. 13, 88637 Leibertingen
Telefon: 07466/9282-0, Fax: 07466/9282-99, e-mail: info@leibertingen.de

72805 Lichtenstein 18

Lichtenstein präsentiert sich heute als eine lebendige und moderne Gemeinde mit einem reichen gesellschaftlichen und kulturellen Leben, in den drei Ortsteilen, manifestiert.

Lage und Landschaft: Die Ortsteile Unterhausen und Honau liegen im Echaztal, der Ortsteil Holzelfingen auf der Albhochfläche am Steilabfall der Schwäbischen Alb.
Höhe: 470 - 836,7 m ü. NN
Gewässer: Echaz, Reißenbach, Holzelfinger Talbach
Naturschutzgebiete: Hohenäcker-Imenberg, Greuthau (Wacholderheide)
Geologische Besonderheiten: Olgahöhle (Tuffsteinhöhle), Nebelhöhle (Tropfsteinhöhle, Traifelbergfelsen (Felsgruppe über dem Honauer Tal)
Gästebetten: 318
Wahrzeichen: Schloss Lichtenstein

Baudenkmale:
Schloss Lichtenstein, Wehrkirche in Unterhausen, St. Blasius Kirche, Burgruine Greifenstein, Bruder-Konrad-Kirche

Museen und sonstige Sehenswürdigkeiten:
Wilhelm-Hauff-Museum, Echazquelle, Johanneskirche, Schloss Lichtenstein, Burgruine Greifenstein, Olgahöhle, Nebelhöhle

Gemeindeverwaltung, Rathausplatz 17, 72805 Lichtenstein, Telefon: 07129/696-0, Fax: 07129/6389, e-mail: info@gemeinde-lichtenstein.de,
Internet: www.gemeinde-lichtenstein.de

89173 Lonsee 21

Die Gemeinde Lonsee liegt inmitten reizvoller Wacholderheiden und Waldflächen am Beginn des Lonetals auf der Schwäbischen Alb. Mit seinem Teilort Urspring und den dort gefundenen alemannischen Siedlungsresten (später ehemaliger Sitz eines Römerkastells) zählt Lonsee zu den ältesten Ansiedlungen im oberen Lonetal.

Lage und Landschaft:
Lonsee mit seinen 7 Teilorten befindet sich auf der Schwäbischen Alb im Alb-Donau-Kreis verkehrsgünstig zwischen den beiden Städten Geislingen und Ulm.

Höhe:542 – 713 m.ü.NN
Gewässer: Lone, Lonetopf und Lonesee
Naturschutzgebiete: Vogelschutzgebiet "Salachberg" sowie Landschaftsschutzgebiet "Lonetal" mit Trockentälern und Wacholderheiden
Geologische Besonderheiten:
Landschaftsschutzgebiet "Lonetal", Haldensteinhöhle
Gästebetten: (Mangold, Schlipf, Pospischil)

Museen und sonstige Sehenswürdigkeiten:
Lonequelltopf in Urspring, evangelische Kirche in Lonsee, Lonesee, Römerkastell in Urspring, Landschafts- und Naturschutzgebiete, Lonetal, Heidelandschaften

Bürgermeisteramt, Hindenburgstraße 16, 89173 Lonsee
Telefon: 07336/81-0, Fax: 07336/81-89,
Internet: www.lonsee.de, e-mail: rathaus@lonsee.de

73547 Lorch 9

Im 2. und 3. Jahrhundert lag Lorch am sog. Limes, der Nordgrenze des römischen Weltreiches. Im Jahr 1102 stifteten Friedrich und Agnes von Hohenstaufen das Benediktinerkloster Lorch als Grabstätte des staufischen Geschlechts.
Die Stadt Lorch liegt in herrlicher, erholsamer Landschaft im Remstal an der Nahtstelle der Regionen Stuttgart und Ostwürttemberg.

Lage und Landschaft: Remstal zwischen Schwäbischer Alb, Schwäbischem Wald und Schurwald
Höhe: 265 - 477 m ü. NN
Gewässer: Rems
Naturschutzgebiete: Lorcher Baggerseen
Geologische Besonderheiten: Schelmenklinge und Schillergrotte
Gästebetten: 220
Wahrzeichen: Kloster Lorch

Baudenkmale:
Kloster Lorch (ehemaliges Benediktinerkloster, gestiftet 1102 als Grablege der Hohenstaufen), Ev. Stadtkirche von 1474 an der Stelle des früheren römischen Kastells, rekonstruierter Limes-Wachturm beim Kloster

Sonstige Sehenswürdigkeiten:
Staufer-Rundbild des Künstlers Hans Kloss im Kapitelsaal des Klosters, ab 2002 Historischer Stadtrundgang, Schelmenklinge mit Wasserfall, Lage am „Limesknie" (römischer Grenzwall), Lorcher Klosterkonzerte

Verkehrsamt Lorch im Rathaus, Hauptstr. 19, 73547 Lorch
Telefon: 07172/1801-19, Fax: 07172/1801-59

72537 Mehrstetten 26

Das aktive Albdorf mit guter Infrastruktur und hohem Freizeitwert. Auf der Albhochfläche gelegen, umgeben von Buchenwäldern und Wacholderheiden, Trockentälern und Blumenwiesen bietet Mehrstetten eine reizvolle Landschaft, vielfältige Möglichkeiten für Wanderer, Radfahrer und Reiter. Besondere Reize bietet Mehrstetten im Winter. Skilangläufer finden hier ein bestens präpariertes Loipennetz, im Böttental befindet sich ferner ein Skilift.

Lage und Landschaft: Hochfläche der Schwäbischen Alb (Kuppenalb), Münsinger Alb
Höhe: 750 m ü. NN
Gästebetten: 45
Wahrzeichen: Georgskirche und neu gestalteter Marktplatz

Museen und sonstige Sehenswürdigkeiten:
Heimatmuseum mit volkskundlichen Ausstellungen sowie alten Handwerksstätten, Naturlehrpfad, Heckenlehrpfad

Bürgermeisteramt, Marktplatz 1, 72537 Mehrstetten
Telefon: 07381/9383 - 0, Fax: 07381/9383-33,
e-mail: info@mehrstetten.de, Internet: www.mehrstetten.de

89188 Merklingen 20

In der Gründungsurkunde des Klosters Wiesensteig vom Jahre 861 wird Merklingen als „Marchlingen" erstmals gennant. Wahrscheinlich ist Merklingen im 6. Jahrhundert von den Alemannen gegründet worden, als dieser Volksstamm die Albhochfläche besiedelte.

Lage und Landschaft: Mittlere Kuppenalb
Höhe: 700 m ü. NN
Naturschutzgebiete: NSG Bleich, NSG Gaisrucken, NSG Löher
Gästebetten: ca. 90
Wahrzeichen: die über 500 Jahre alte Evangelische Kirche „Zu den Heiligen Drei

Königen“ mit schönem Hochaltar

Museen und sonstige Sehenswürdigkeiten:
Solarversuchsanlage Widderstall des Zentrums für Sonnenenergie- und Wasserstoff-Forschung Baden-Württemberg

Bürgermeisteramt, Hauptstr. 31, 89188 Merklingen
Telefon: 07337/9620-0, Fax: 07337/9620 90,
e-mail: info@merklingen.de, Internet: www.merklingen.de

72469 Meßstetten 30

Die Stadt liegt landschaftlich sehr reizvoll an der Schwäbischen Alb- und Hohenzollernstraße inmitten der herrlichen Alblandschaft auf dem großen Heuberg. Meßstetten hat sich vom ehemaligen Albdorf der Jahrhundertwende zu einem modernen und dynamischen Gemeinwesen entwickelt, das über eine gut ausgebaute Infrastruktur im öffentlichen und privaten Bereich verfügt.

Lage und Landschaft: zwischen Stuttgart und Bodensee, eingerahmt von Hügelketten, Wäldern und Wiesen inmitten der herrlichen Alblandschaft des Großen Heuberg
Höhe: 737 - 989 m ü. NN
Gewässer: Bära, Schlichem, Stausee (Oberdigisheim), Kohlstatt-Brunnenbach, Burtelbach
Naturschutzgebiete: Hülenbuchwiesen (einmähdige Holzwiesen), Stromelsberg-Hessenbühl (Heckenlandschaft), Scheibhalden (Wacholderheide), Heimberg (Wacholderheide u. Magerwiesen)
Geologische Besonderheiten: Flaichgrube (Höhle), Lochbrunnen, Höhlen im Strudelfels, Hörnle (Aussichtspunkt am Albtrauf), Hossinger Leiter (Felsenpfad), Dolinen
Gästebetten: 81 + 250 im Familienferiendorf Tieringen, Ferienwohnungen
Wahrzeichen: Wasserturm mit Aussichtsplattform (992 m)

Baudenkmale:
Meßstetten: Ev. Pfarrkirche, Fachwerkhäuser; Hartheim: Kath. Kirche, Fachwerkhaus, Kapelle an der Straße nach Heidenstadt; Heinstetten: Kath. Kirche; Hossingen: Ev. Kirche; Tieringen: Ev. Kirche; Oberdigisheim: Ev. Kirche, Fachwerkhaus; Unterdigisheim: Kath. Kirche, Fachwerkhaus

Museen und sonstige Sehenswürdigkeiten:
Museum für Volkskunst (Sammlung Alfred Hagenlocher), Heimatmuseum des Schwäb. Albvereins in Hossingen, Heimatmuseum des Heimatvereins Kohlraisle in Tieringen, Brunnenstube (eine der höchstgelegenen Quellen der Schw. Alb)

Stadtverwaltung Meßstetten, Hauptstraße 9, 72469 Meßstetten
Telefon: 07431/6349-0, Fax: 07431/62043, e-mail: stadt@messtetten.de

72555 Metzingen 18

Wer Metzingen einen zweiten Blick gönnt, wird die Schönheiten der Stadt erkennen: Das Flair der historischen 7-Keltern, die Atmosphäre der Martinskirche. Historisches und Modernes greift ineinander, wie altes und neues Rathaus symbolisieren. Auch Neuhausen mit seiner Weinbautradition und das von Obstwiesen umgebene Glems möchten entdeckt werden.

Lage und Landschaft: im Herzen des Schwabenlandes, am Rand der Schwäbischen Alb, am Eingang des Ermstals
Höhe: 350 m ü. NN

Baudenkmale:
Martinskirche (1500), Rathaus (1562 / 63), Rathausbrunnen (1562 / 63), Sieben Keltern 1281 erstmals erwähnt (diente als Wetterschutz für je 2 o. 3 Kelterbäume (Pressen) und zur Aufbewahrung von sonstigem Weinbaugerät)

Museen und sonstige Sehenswürdigkeiten:
Weinbaumuseum, Schwäbischer Kunstmarkt (Pfingstsonntag, -montag), Stadt-

und Heimatfest, Metzinger Theatertage, Rathauskunstausstellung, 7-Keltern-Fest (3. Oktoberwoche), Neuhäuser Weinfest

i-Punkt am Marktplatz, Tel. 07123/925-326 oder: Amt für Stadtentwicklung (Rathaus), Stuttgarter Straße 2-4, 72555 Metzingen, Tel. 07123/925-302, e-mail: stadt@metzingen.de,
Internet: www.metzingen.de

72116 Mössingen 17

Am Fuße des mächtigen Albtraufs ist die Stadt Mössingen eingebettet in einen grünen Gürtel aus Streuobstwiesen, lichten Wäldern und bunten Blumenwiesen. Rund um Mössingen findet der Radfahrer ein ideales Naturgebiet, das bis auf die Alb hinauf reicht. Aber auch in der Stadt selbst erwarten Urlauber, insbesondere in den Mössinger Bädern (Erlebnisfreibad, Hallenbad mit Dampfgrotte und Sonnenwiese, Waldfreibad in Öschingen) hervorragende Sporteinrichtungen sowie ein vielfältiges kulturelles Angebot.

Naturschutzgebiete: Bergrutsch am Hirschkopf, Filsenberg, Bei der Olgahöhe, Öschenbachtal
Wahrzeichen: Bergrutsch, Blumenfelder, blühende Straßenseitenränder

Baudenkmale:
Peter- und Paulskirche aus dem 16. Jh., Belsener Kapelle aus dem 12. Jh., Bergkirche in Talheim, historisches Rathaus von 1567, liebevoll renovierte Fachwerkhäuser in mehreren Stadtteilen.

Museen und sonstige Sehenswürdigkeiten: Holzschnittmuseum "Klaus Herzer" in Öschingen, Raumfahrtmuseum Fritz in Talheim, Rechenmacher-Werkstatt, Vierjahreszeiten-Brunnen vor dem neuen Rathaus, Burgruine Andeck in Talheim

Stadtverwaltung Mössingen, Freiherr-vom-Stein-Straße 20,
72116 Mössingen, Telefon 07473/370-0, Fax 370 163,
e-mail:l Kultur@moessingen.de, Internet: www.moessingen.de

73347 Mühlhausen 13

Die Ortschaft gilt als die älteste im Kreis Göppingen, wenn man von der erstmaligen urkundlichen Nennung in historischen Quellen ausgeht. Bereits im Jahre 812 findet Mühlhausen in einem Verzeichnis des Klosters Lorsch an der Bergstraße Erwähnung. Wann aber die eigentliche Ortschaft durch die Gründung einer festen Ansiedlung genau entstanden ist, lässt sich heute nicht mehr nachweisen.

Lage und Landschaft: Oberes Filstal, an der „Schwäbischen Albstraße"
Höhe: 545m ü. NN
Gewässer: Fils
Naturschutzgebiete: Sterneck, Rufstein
Geologische Besonderheiten: Todsburger Höhle und Todsburger Schacht (Tiefenhöhle)
Gästebetten: 206

Baudenkmale:
Todsburgbrücke (Autobahn)

Bürgermeisteramt, Gosbacher Str. 16, 73347 Mühlhausen i.T.
Telefon: 07335/9601-0, Fax: 07335/9601-25

78570 Mühlheim an der Donau 35

Auf einem Bergsporn - hoch über der Donau gelegen - zeigt sich Mühlheim von seiner schönsten Seite. Die mittelalterliche, häuserüberbaute Stadtmauer umschließt noch heute den alten Stadtkern, dem mehrere historische Gebäude sowie das Stadttor eine besondere Atmosphäre geben.

Lage und Landschaft: im Naturpark Obere Donau, an der Pforte zum romanti-

schen Donautal
Höhe: 600 - 800 m ü. NN
Gewässer: Donau, Lippach, Wulfbach, Kesselbach
Naturschutzgebiete: Kraftstein (Heidelandschaft), Hintelestal (Schneeglöckchenblüte)
Geologische Besonderheiten: Mühlheimer Felsenhöhle (nur an Christi Himmelfahrt geöffnet)
Gästebetten: 70
Wahrzeichen: Mühlenrad mit sieben Speichen

Baudenkmale:
Romanische St. Gallus Kapelle mit gotischen Fresken, Rathaus (gotischer Fachwerkbau mit offener Arkade), mittelalterliche, häuserüberbaute Stadtmauer, Schloss der Freiherren von Enzberg (erbaut um 1200)

Museen und sonstige Sehenswürdigkeiten:
Städtisches Museum im Vorderen Schloss, Stadttor in der hist. Oberstadt, Wallfahrtskirchenruine Maria Hilf auf dem Welschenberg

Fremdenverkehrsamt, Vorderes Schloss, 78570 Mühlheim
Telefon: 07463/8903, Fax: 07463/9940-20,
e-mail: info@muehlheim-donau.de, Internet: www.muehlheim-donau.de

72525 Münsingen 19

Unweit der Wasserscheide zwischen Rhein und Donau ist die Stadt Münsingen auf der Hochfläche der Mittleren Alb angesiedelt.

Lage und Landschaft: auf der Hochfläche der Mittleren Schwäbischen Alb, Zentrum der Münsinger Alb
Höhe: 600 - 866 m ü. NN
Gewässer: Große Lauter
Naturschutzgebiete: Naturreservat Beutenlay
Geologische Besonderheiten: Kuppenalb, Großes Lautertal, Europäische Wasserscheide Donau / Rhein
Gästebetten: 520

Baudenkmale:
Altes Rathaus mit Fachwerkfassade (1554), Marktbrunnen (Brunnensäule 1680), Martinskirche (1300 Bau des Langhauses, 1495 Neubau des Chors, 1887 Neuer Turmhelm), Schlosshof mit Schloss (1483), Eisenbahn + Bus Freizeitnetz mit Fahrradtransport, ÖkoRegio-Tour

Museen und sonstige Sehenswürdigkeiten:
Heimatmuseum im Schloss, Judenfriedhof und -museum in Buttenhausen (ständige Ausstellung in der Bernheimerschen Realschule in Buttenhausen)

Tourist-Information, Bachwiesenstr. 7, 72525 Münsingen
Telefon: 07381/182-145, Fax: 07381/182-101,
e-mail: touristinfo@muensingen.de, Internet: www.muensingen.de

73557 Mutlangen 9

Aus einem verträumten Bauerndorf entwickelte sich Mutlangen nach Ende des zweiten Weltkrieges zu einer beliebten Wohn- und Schulgemeinde mit einer gut entwickelten Infrastruktur. Bekannt wurde Mutlangen im Zusammenhang mit der Stationierung der Pershing Raketen auf der Mutlanger Heide. Dort entsteht nun im Rahmen einer Entwicklungsmaßnahme der "Wohnpark Mutlanger Heide". In und um Mutlangen ist das Radwegnetz gut ausgebaut und ausgeschildert.

Lage und Landschaft:
Liegt drei Kilometer nördlich der Stadt Schwäbisch Gmünd auf einem Höhenrücken am Rande des Schwäbischen Waldes; am Knotenpunkt der B 298 aus Richtung Schwäbisch Hall, sowie den Landstraßen aus Richtung Ruppertshofen-Lindach bzw. Welzheim-Alfdorf.

Höhe: 450 m ü. NN
Gewässer: Haselbach, Lein, Pfaffenbach
Landschaftsschutzgebiet: Haselbachtal
Gästebetten: 15 Betten
Wahrzeichen: Die Mitte des vorigen Jahrhunderts erstellte katholische Pfarrkirche St. Georg, welche ihren Platz auch im Gemeindewappen gefunden hat.

Museen und sonstige Sehenswürdigkeiten:
St.-Georgs-Kirche, Kapelle im Teilort Pfersbach, Naturlehrpfad, Lourdesgrotte am Wettenbach
Freizeitbad: Mutlantis mit Wasserrutsche, Saunalandschaft und anderen Wasserattraktionen. Info-Telefon: 07171/777822

Gemeideverwaltung, Hauptstraße 22, 73557 Mutlangen
Telefon: 07171/703-0 Fax: 07171/703-80
E-mail: info@mutlangen.de

89564 Nattheim 16

Liegt an der Schwäbischen Albstraße (B 466), umgeben von Wald und Heiden. Am Übergang vom Brenztal zum Härtsfeld, in einer großen Weißjurawanne, bieten sich dem Wanderer vielfältige Möglichkeiten. International bekannt sind die Nattheimer Korallen, ausgestellt im Heimat- und Korallenmuseum in der Alten Schule.

Lage und Landschaft: auf dem Härtsfeld im Osten der Schwäbischen Alb
Höhe: 560 m ü. NN
Naturschutzgebiete: Steinweiler Steinbrüche
Gästebetten: 40

Baudenkmale: Martinskirche in Nattheim, St. Georgs-Kirche in Auernheim, Petruskirche in Fleinheim
Museen und sonstige Sehenswürdigkeiten:
Korallen- und Heimatmuseum, große Modelleisenbahnanlage

Gemeindeverwaltung, Fleinheimer Str. 2, 89564 Nattheim,
Telefon: 07321/97840, Fax: 07321/978432, Internet: www.nattheim.de

73450 Neresheim 11

Neresheim ist der Hauptort des Härtsfeldes, hervorgegangen aus einer Klostergründung im 11. Jahrhundert.

Lage und Landschaft: Härtsfeld (Ostalb), reizvolle Alblandschaft mit Wacholderheiden, Wäldern, Trockentälern und seltener Pflanzen- und Tierwelt
Höhe: 500 m ü. NN
Gewässer: Egau, Härtsfeldsee
Naturschutzgebiete: Zwing (Wacholderheide/Wald), Dossinger Tal (Wacholderheide/Felsformation)
Gästebetten: 450

Baudenkmale:
Weltberühmte Abteikirche von Balthasar Neumann mit Deckengemälden von Martin Knoller

Museen und sonstige Sehenswürdigkeiten:
Härtsfeldbahn- und Heimatmuseum, Schmalspur-Museumsbahn.

Fremdenverkehrsamt, Hauptstr. 21, 73450 Neresheim
Telefon: 07326/8149, Fax: 07326/8146,
e-mail: tourist@neresheim.de, Internet: www.neresheim.de

72639 Neuffen 19

Die Kleinstadt liegt am Fuße der mächtigen Burgruine Hohenneuffen. Der mittelalterliche Stadtkern mit seinen frühbarocken Fachwerkhäusern birgt viele Schätze. Wanderwege führen durch die höchstgelegenen Weinberge Württembergs, und im Weinkeller der Winzergenossenschaft probiert man den „Täleswein".

Lage und Landschaft: am Fuß der Schwäbischen Alb im Landkreis Esslingen
Höhe: 403 m ü. NN
Gewässer: Steinach
Naturschutzgebiete: Neuffener Heide
Geologische Besonderheiten: Vulkanischer Boden (Jura)
Gästebetten: 37
Wahrzeichen: Hohenneuffen

Baudenkmale:
Martinskirche, Großes Haus, Melchior-Jäger-Haus

Museen und sonstige Sehenswürdigkeiten:
Stadtmuseum im Großen Haus, Ordensmuseum im Unteren Graben, Hohenneuffen

Bürgermeisteramt, Hauptstr. 19, 72639 Neuffen,
Tel. 07025/106-0, Fax 07025/106-293,
e-mail: stadt@neuffen.kdrs.de, Internet: www.neuffen.de

78579 Neuhausen ob Eck 35

Im Jahre 1095 wurde die Gemeinde als „Villa Nuwenhusin" zum ersten Mal urkundlich erwähnt. Heute bietet Neuhausen ob Eck mit seiner reizvollen Lage vieles, was man für Freitzeit und Erholung sucht.

Lage und Landschaft: auf der Hochfläche „Eck" zwischen Tuttlingen und Sigmaringen
Höhe: 70 m ü. NN
Geologische Besonderheiten: Naturdenkmale „Harresser", Erdfälle und Hochmoor „Wilde"
Gästebetten: 20

Museen und sonstige Sehenswürdigkeiten:
Freilichtmuseum (Darstellung des dörflichen Lebens in früherer Zeit)

Bürgermeisteramt, Stockacherstr. 9, 78579 Neuhausen ob Eck
Telefon: 07467/9460-0, Fax: 07467/9460-25

73491 Neuler 6

Neuler ist günstig über die A 7 erreichbar und liegt 7 km westlich von Ellwangen (Jagst); zur Kreisstadt Aalen sind es 15 Minuten. Das landschaftlich reizvolle Bild der Gemeinde ist durch die Liashochfläche geprägt, die von den Landschaftsschutzgebieten des Sizen- und Frankenbachtales im Norden und der Blinden Rot im Westen begrenzt wird.

Lage und Landschaft: im Virngrund westlich von Ellwangen
Höhe: ca. 530 m ü. NN
Gewässer: Griesweiher
Naturschutzgebiete: Tal der Blinden Rot
Geologische Besonderheiten: Liashochfläche mit engen Taleinschnitten
Gästebetten: ca. 50
Wahrzeichen: Ortskirche (dem heiligen Benedikt geweiht)

Baudenkmale:
schöne sakrale Bauten in Neuler und den Ortsteilen

Bürgermeisteramt, Hauptstr. 3, 73491 Neuler
Telefon: 07961/90440, Fax: 07961/7794,
e-mail: gemeinde@neuler.de, Internet: www.neuler.de

89168 Niederstotzingen 22

Die erste urkundliche Erwähnung datiert aus den ersten Dezembertagen des Jahres 1049, doch erst mit der Verleihung der Stadtrechte von Kaiser Karl IV. am 27. Dezember 1365 wurde der wirkliche Grundstein der Stadt gelegt.
Heute ist Niederstotzingen eine moderne Stadt am Übergang von Schwäbischer Alb zur Donauniederung. Durch den Autobahnanschluss an die A7 und A8 ist Niederstotzingen an das überörtliche Verkehrsnetz angeschlossen. Niederstotzingen ist die nächst gelegene, württembergische Stadt zum Freizeitpark LEGOLAND Deutschland in Günzburg (Eröffnung Mai 2002).

Höhe: 445 m ü. NN
Naturschutzgebiete: Landschaftsschutzgebiet Lone-/Hürbetal mit schönen Radmöglichkeiten
Gästebetten: ca. 120

Geologische Besonderheiten:
Vogelherdhöhle, frei zugänglich, ca. 1 km nordwestlich von Stetten ob Lontal (Funde: Tierfiguren aus Mammutelfenbein, die zu den ältesten Kleinplastiken der Welt zählen)

Baudenkmale:
Kath. Pfarrkirche St. Martin in Oberstotzingen (1767 – 1770)
Wallfahrtskriche St. Maria in Stetten ob Lontal (1733)
Kath. Pfarrkirche St. Ulrich in Lontal (1603 – 1605)

Freizeiteinrichtungen: Freizeitbad LONIDO

Stadtverwaltung Niederstotzingen, Im Städtle 26, 89168 Niederstotzingen
Telefon: 07325/102-0; Fax: 07325/102-36
E-Mail: Antje.Zieger@Niederstotzingen.de
Internet: www.niederstotzingen.de

72622 Nürtingen 12

Nürtingen entdecken, das heißt, sein liebevoll saniertes Zentrum erkunden, durch die historische Altstadt den Spuren der Geschichte folgen, durch die fußgängerfreundliche Innenstadt flanieren oder die angenehme Einkaufsatmosphäre genießen. Man kann aber auch ganz einfach auf einem der zahlreichen Wander- und Spazierwege die Vorteile einer Stadt erkunden, die am Fuße der Schwäbischen Alb eingebettet ist.

Lage und Landschaft: im Neckartal am Fuße der Schwäbischen Alb
Höhe: 288 m ü. NN
Gewässer: Neckar
Geologische Besonderheiten: Tropfsteinhöhlen auf der nahegelegenen Schwäbischen Alb
Gästebetten: 493
Wahrzeichen Stadtkirche St. Laurentius (16. Jh.)

Baudenkmale:
Rathaus (15. Jh.); Blockturm: Rest der mittelalterlichen Stadtbefestigung; Salemer Hof: markantes Fachwerkgebäude 15. Jh.; Marktbrunnen 16. Jh.; Riegersches Fachwerkhaus 16. Jh.; Alte Lateinschule; Hölderlin-Gedenkstätte

Museen und sonstige Sehenswürdigkeiten:
Stadtmuseum mit literarischer Hölderlin-Ausstellung

Stadtverwaltung, Marktstraße 7, 72622 Nürtingen
Telefon: 07022/75-381, Fax: 07022/75-380,
e-mail: stadt@nuertingen.de, Internet: www.nuertingen.de

73447 Oberkochen 10

Die junge Stadt im Grünen liegt idyllisch in einem reizvollen Taleinschnitt am Trauf der Schwäbischen Alb, wo der "schwarze" Kocher nur wenige Kilometer nördlich der europäischen Wasserscheide eintspringt. Trotz seiner ca. 6000 Arbeitsplätze bei 8400 Einwohnern lässt Oberkochen nie den Eindruck einer Industriestadt aufkommen. Ein reges kontinuierliches Angebot kultureller Veranstaltungen, Aktivitäten öffentlicher Einrichtungen und Vereinen sowie das breite Spektrum des allgemeinbildenden Schulwesens prägt wesentlich das geistige Klima in der Stadt.

Lage und Landschaft: Am Albtrauf im Taleinschnitt des Kochers zwischen Albuch und Härtsfeld; direkt an der B 19 mit Anschluss an die A7, Bahnhof, 10 km südlich Aalen, 60 km nördlich Ulm.
Höhe: 496 – 743 m ü. NN
Gewässer: Kocher, mit Ursprung des "Schwarzen" Kochers
Eine Vielzahl von Karstquellen am gleichnamigen Rundwanderweg.
Naturschutzgebiet: Volksmarsberg mit Schutzhütte des Schwäbischen Albvereins
Geologische Besonderheiten:
Volkmarsberg, Karstquellenweg Oberkochen-Königsbronn, Aussichtspunkt Rodstein, versch. Karsthöhlen.
Gästebetten: 180

Museen und sonstige Sehenswürdigkeiten:
Optisches Museum mit Innovationsraum der Firma Carl Zeiss, Heimatmuseum im Schillerhaus, Römerkeller

Tourist-Info im Rathaus, Eugen-Bolz-Platz 1, 73447 Oberkochen
Telefon 07364/270, Fax: 07364/2727
E-mail: Tourist-Info@Oberkochen.de
Internet: www.oberkochen.de

73113 Ottenbach 14

Erstmals wurde die Gemeinde im Jahre 1275 in einem Verzeichnis der Pfarreien der Diözese Konstanz urkundlich erwähnt. Eventuell war Ottenbach anfangs eines der Stammgüter der Staufer, nach deren Aussterben Ottenbach häufigen Besitzerwechseln unterworfen war.

Lage und Landschaft: in einem Talkessel südlich der Drei-Kaiser-Berge im Stauferland
Höhe: 390 m ü. NN
Geologische Besonderheiten: Hohenrechberg und Hohenstaufen
Gästebetten: 36
Wahrzeichen: katholische Pfarrkirche St. Sebastian aus dem Jahre 1709 (erweitert und neugestaltet 1929 u. 1967)

Baudenkmale:
einige alte Bauernhöfe im Tal und im Weiler Kitzen

Bürgermeisteramt, Schulstr. 10, 73113 Ottenbach
Telefon: 07165/912910, Fax: 07165/912914,
Interent: www.ottenbach.de

72793 Pfullingen 18

Die Stadt mit über 17.800 Einwohnern hat eine große Vergangenheit, aber auch eine lebendige Gegenwart. Alemannische Ortsgründung und Namensgebung im 5. Jahrhundert (deshalb Endung ...ingen). 937 erste urkundliche Erwähnung, 1699 Verleihung der Stadtrechte, 1850 Beginn der Industrialisierung, seit 1973 Innenstadtsanierung. Pfullingen versteht sich heute als idealer Platz zum Arbeiten und Wohnen, für die Freizeit und als „Einkaufsstadt zum Wohlfühlen“.

Lage und Landschaft: im idyllischen Echaztal am Fuße der Schwäbischen Alb
Höhe: 425 m ü. NN

Gewässer: Echaz
Geologische Besonderheiten: Georgenberg, Ursulahochberg, Wanne, Schönberg, Mädlesfelsen
Gästebetten: 125
Wahrzeichen: Schönbergturm

Baudenkmale:
Pfullinger Hallen, Martinskirche, ehem. Klosterkirche, Rathäuser, Villa Laiblin, Schlössle, alter Bahnhof, Schloss, Schönbergturm

Museen und sonstige Sehenswürdigkeiten:
Stadtgeschichtliches Museum, Mühlenmuseum, Württembergische Trachten, ehem. Klosterkirche (13. Jh.), Pfullinger Hallen (1907, Wandgemälde von Adolf Hölzel)

Stadtverwaltung, Marktplatz 5, 72793 Pfullingen,
Tel. 07121/703-208, Fax 07121/703-213,
e-mail: info@pfullingen.de, Internet: www.pfullingen.de

73207 Plochingen 13

Vielen ist die Stadt Plochingen vor allem als Verkehrsknotenpunkt von Straße und Schiene bekannt; hier befindet sich auch der Endhafen der Neckarschifffahrt. Die Stadt hat 14. 000 Einwohner, ist als Unterzentrum Sitz eines Gemeindeverwaltungsverbands mit knapp 27 000 Einwohnern und Schulstadt mit allen Bildungseinrichtungen für einen Einzugsbereich von ca. 60 000 Einwohnern (zweitgrößtes Gymnasium in Baden-Württemberg).

Lage und Landschaft:
Plochingen liegt reizvoll am Zusammenfluss von Neckar und Fils am Rande der Naherholungsgebiete Schurwald und Schwäbische Alb. Entlang des Neckars wurde im Zusammenhang mit der Landesgartenschau 1998 ein stadtnahes Erholungsgebiet angelegt. Die Landeshauptstadt Stuttgart ist über sehr gute Verkehrsverbindungen rasch zu erreichen.
Höhe: 225 – 398 m ü. NN
Gewässer: Neckar, Fils
Gästebetten: ca. 200
Wahrzeichen: Evang. Stadtkirche (St. Blasius-Kirche), Hundertwasserhaus

Baudenkmale:
St. Blasius Kirche (spätgotische Wehrkirche, 1481-1488), Marktplatz und Fußgängerzone mit historischen Fachwerkgebäuden, insbesondere dem Alten Rathaus von 1530, der Ottilienkapelle, dem ältesten Gebäude der Stadt von 1328, dem Frühmesserhaus mit einem Renaissance – Fachwerk aus dem Jahr 1594 und dem Grafschen Haus von 1604 sowie dem Gasthaus "Grüner Baum" mit Glockenspiel.

Sonstige Sehenswürdigkeiten:
Wohnanlage "Unterm Regenturm", gestaltet von dem berühmten Wiener Künstler Friedensreich Hundertwasser, Aussichtsturm des Schwäbischen Albvereins im Stadtteil Stumpenhof, "Kulturpark Dettinger" mit Künstlerateliers, Neckarhafen

Stadtverwaltung Plochingen, Schulstr. 7, 73207 Plochingen
Tel. 07153/7005-204
Fax 07153/7005-199
e-mail: rathaus@plochingen.de
Internet: www.plochingen.de

73492 Rainau 6

Erste Siedlungsspuren aus der Mittel- und Jungsteinzeit, Grabhügelfeld aus der Hallstattzeit, Römische Besetzung mit Kohortenkastell und Römischem Kastelldorf sind Zeugnisse aus alten Zeiten. Heute ist Rainau eine Wohn- und Fremdenverkehrsgemeinde im Bereich der Oberen Jagst, die noch landwirtschaftlich geprägt ist.

Lage und Landschaft: im Vorland der Schwäbischen Alb, an der Jagst
Höhe: 435 - 500 m ü. NN
Gewässer: Jagst
Naturschutzgebiete: Vorbecken des Bucher Stausees, Dalkinger Heide, Strütbachtal

Geologische Besonderheiten: Aufschlüsse der Goldshöfer Sande
Gästebetten: 29
Wahrzeichen: Bucher Stausee

Baudenkmale:
Rathaus Schwabsberg (1652), St. Martinskirche Schwabsberg (1733), Marienkapelle Buch (1699), Nikolauskirche Dalkingen (teilw. 1514), Katharinenkapelle Weiler (1784)

Museen und sonstige Sehenswürdigkeiten:
Freilichtmuseum am Rätischen Limes mit original Grundmauern, Nachbildungen und Modelle: Römerkastell, Römerbad, Röm. Ratstätte, Villa, Limestor, Wachturm mit Nachbau der Grenzpalisade und Grenzmauer

Bürgermeisteramt, Schlossberg 12, 73492 Rainau-Schwabsberg
Telefon: 07961/900-20, Fax: 07961/900-222

73098 Rechberghausen 14

Rechberghausen wird urkundlich erstmals 1245, allerdings als "Husen" erwähnt. Es liegt im Vorland der Schwäbischen Alb und am Rande des Östlichen Schurwaldes und hat 5.300 Einwohner. Die alte Ortstruktur ist noch weitgehend erhalten geblieben. Freistehende, relativ kleine Gebäude prägen den Ortskern.

Lage und Landschaft: Im Verdichtungsraum Göppingen an der B 297, die von Göppingen nach Lorch führt.
Höhe: 335 – 425 m ü. NN
Gewässer: Marbach

Museen und sonstige Sehenswürdigkeiten:
Im Ort findet man mehrere sehenswerte Kulturdenkmäler, wie z.B. das Obere Tor, welches das einzige erhaltene historische Stadttor im Kreis Göppingen ist. Des weiteren bieten die Kapellen im Schlosshof und das 1721 erbaute, heut als Rathaus genutzte Neue Schloss, einen Einblick in die Geschichte von Rechberghausen.

Rathaus im Neuen Schloss, Amtsgasse 4, 73098 Rechberghausen
Telefon: 07161/501-0, Fax: 07161/501-11
E-Mail: info@gemeinde.rechberghausen.de
Internet: www.rechberghausen.de

78603 Renquishausen 30

In einer sonnigen, leicht hügeligen Heckenlandschaft liegt auf die 740 Einwohner zählende Gemeinde Renquishausen. Umgeben von den Tälern der Bära, der Donau und des Lippachs ist Renquishausen ein sauberes und gepflegtes Dorf mit gut geführten Industrie- und Handwerksbetrieben sowie einem aktiven Vereinsleben. Die Gemeinde besitzt ein eigenes Holzofenbackhaus, in dem noch nach alter Tradition gebacken wird. Jedes Jahr lockt das Dorffest „rund um das Backhaus“ zahlreiche Besucher aus nah und fern nach Renquishausen.

Lage und Landschaft: Heuberggemeinde im Landkreis Tuttlingen
Höhe: 898 m ü.NN

Baudenkmale: Katholische Kirche St. Stephanus, Juddas-Thaddäus-Kapelle
Aussichtspunkte und sonstige Sehenswürdigkeiten:
Gewann Filz mit Alpenpanorama, Lourdesgrotte, Windpark (Windanlagen)

Bürgermeisteramt, Kolbinger Str. 1, 78603 Renquishausen,
Tel. 07429/2376, Fax 07429/2035,
e-mail: info@renquishausen.de
Internet: www.renquishausen.de

72764 Reutlingen 18

Eine Stadt mit weit in die Geschichte zurückreichender Tradition. Noch heute zeugen Türme, Mauerreste der einst wehrhaften Befestigung, alte Brunnen und mächtige Fachwerkhäuser von den Zeiten, in denen sich die von einem Festungsring umgebene Stadt in den Stürmen der Geschichte behaupten musste. Doch neben dem Historischen findet der Besucher überall Merkzeichen der Neuzeit und des pulsierenden Lebens.

Lage und Landschaft: am Albtrauf zu Füßen der Achalm und am Ausgang des Echaztales
Höhe: mittlere Höhe 376 m ü. NN (Hauptbahnhof)
Gewässer: Echaz (Reutlingen); Neckar (Oferdingen, Mittelstadt)
Geologische Besonderheiten: Berge: Achalm (707 m), Georgenberg (602 m), Käpfle (593 m), Roßberg (869 m)
Gästebetten: 1.146
Wahrzeichen: Der Hausberg Achalm

Baudenkmale:
Gerber- und Färberbrunnen, Tübinger Tor (erbaut 1220 - 1240), Nikolaikirche (1358 als Kapelle geweiht), Spital (1333 erstmals genannt), Marktbrunnen (1570 geschaffen), Rathaus, Stadtbibliothek, Spendhaus (1518), Lindenbrunnen (1544), Stadthäuser, Eisturm (1877), Marienkirche (1247 - 1343 erbaut), Kirchbrunnen (1561), Zunftbrunnen, Gartentor (1392),

Museen und sonstige Sehenswürdigkeiten:
Heimatmuseum, Friedrich-List-Denkmal, Hermann-Kurz-Denkmal, Naturkundemuseum, Städtisches Kunstmuseum, Stiftung für konkrete Kunst, Museum im Dorf Betzingen, Samenhandelsmuseum in Gönningen, Feuerwehrmuseum, Pomologie (ehemaliges Landesgartenschaugelände 1984), Erholungspark „Markwasen“

Tourist-Information, Listplatz 1, 72764 Reutlingen
Telefon: 07121/303-2622, Fax: 07121/339590,
e-mail: webmaster@reutlingen.de, Internet: www.reutlingen.de

73469 Riesbürg 11

Riesbürg mit den Ortsteilen Goldburghausen, Pflaumloch und Utzmemmingen bietet besonders Erholung für Familien, Wander- und Radelfreunde sowie für Hobbygeologen. Der Ortsteil Utzmemmingen liegt sehr reizvoll in drei lieblichen Tälern eingebettet zwischen Auen, Juraheiden und ausgedehnten Wäldern am Übergang zur Schwäbischen Alb.

Lage und Landschaft: Region „Schwäbische Alb/Ries“, Heide, Hügel- und Waldlandschaft
Höhe: 450 - 650 m ü. NN
Naturschutzgebiete: Riegelberg, Goldberg
Geologische Besonderheiten: Goldberg, Suevitsteinbruch „Alte Bürg“, Ofnethöhlen
Gästebetten: 76

Baudenkmale:
Römischer Gutshof (Villa rustica)

Museen und sonstige Sehenswürdigkeiten:
Goldbergmuseum (steinzeitliche Funde)

Gemeindeverwaltung, Hauptstr. 13, 73469 Riesbürg
Telefon: 09081/2935-0 oder 09081/2935-11, Fax: 09081/2935-20,
e-mail: Gemeinde@riesbuerg.de

72587 Römerstein 19

In der reizvollen Mittelgebirgslandschaft rund um den Aussichtsturm Römerstein (874 m) liegt die Flächengemeinde Römerstein. Saubere Luft, gesundes Klima und herrliche Alblandschaft laden zu Erholung und Urlaub ein. Buchenwälder, Kalksteinbrüche und Schafherden sind die natürlichen Kostbarkeiten dieser herben und doch schönen Landschaft.

Lage und Landschaft: auf der Albhochfläche der Schwäbischen Alb über Bad Urach
Höhe: 700 - 878 m ü. NN
Geologische Besonderheiten: Hüle (erkalteter mit Oberflächenwasser gefüllter Vulkanschlot), Dolinen
Gästebetten: 140
Wahrzeichen: Aussichtsturm Römerstein

Baudenkmale:
St. Galluskirche Böhringen, Schmückstück dieser Kirche ist der Chor von 1496/98; St. Georgskirche Donnstetten, erbaut zu Anfang des 15. Jahrhunderts; Spätmittelalterliche Martinskirche Zainingen (Wehrkirche) mit gut erhaltener Wehrmauer; Burgruine Sperberseck, erbaut um 1070/80, beachtliche Mauerreste nördlich von Böhringen

Museen und sonstige Sehenswürdigkeiten:
Heimatmuseum in der Pfarrscheuer in Donnstetten

Verkehrsverein Römerstein e.V., Albstr. 2, 72587 Römerstein
Telefon: 07382/9398-21, Fax: 07382/9398-98,
e-mail: info@roemerstein.de, Internet: www.roemerstein.de

73494 Rosenberg 6

Die Gemeinde ist mit rund 2 700 Einwohnern, einer Markungsfläche von 4102 ha und 30 Ortsteilen eine der weitverzweigtesten und dünnbesiedelsten Orte im Ostalbkreis.

Lage und Landschaft: Virngrund, hügelige Landschaft geprägt von riesigen Fichtenwäldern und idylischen Seen
Höhe: 503 - 569 m ü. NN
Gewässer: Herlingsweiher, Holzmühlsee, Orotsee
Naturschutzgebiete: Ohrmühle
Landschaftsschutzgebiet: Blinde Rot, Hohenberg, Farbhäusle
Geologische Besonderheiten: Hohenberg (568 m) mit seiner weithin sichtbaren Jakobuskirche
Gästebetten: ca. 85

Baudenkmale:
Kath. Pfarrkirche St. Franziskus (1742), Kath. Pfarrkirche St. Jakobus (1896) mit Friedhofsmauer, Kreuzweg mit 14 Stationen, Grabkreuze mit gusseisernem Aufsatz (vor 1900)

Museen und sonstige Sehenswürdigkeiten:
Geburtshaus von Malerpoet Karl Stirner (1882-1943), Flügelaltar, Wandgemälde, Fassadengestaltung und Kirchenfenster vom Künstlerpfarrer Sieger Köder

Gemeindeverwaltung, Haller Straße 15, 73494 Rosenberg
Telefon: 07967/9000-0, Fax: 07967/9000-50,
e-mail: info@gemeinde-rosenberg.de, Internet: www.gemeinde-rosenberg.de

72348 Rosenfeld 23

Rosenfeld liegt in der Mitte des Achse Balingen – Oberndorf zwischen Schwarzwald und Schwäbischer Alb. Sehenswert ist die historische Altstadt mit der Alten Apotheke, dem ältesten erhaltenen Steinhaus Süddeutschlands.

Lage und Landschaft: auf dem kleinen Heuberg im Vorland der Schwäb. Alb
Höhe: 498 - 698 m ü. NN
Gästebetten: 56 in Gaststätten und mehrere Ferienwohnungen
Wahrzeichen: historische Altstadt mit Fachwerkhäusern und noch zum Teil bestehender Stadtmauer

Baudenkmale:
Stadtmauer, Fruchtkasten (monumentales Gebäude der Altstadt, ehemaliges, aus Feldsteinen erbautes Getreidelager, heute als Museum genutzt), Alte Apotheke (ältestes noch erhaltenes Steinhaus Süddeutschlands)

Museen und sonstige Sehenswürdigkeiten:
Ofenplattenmuseum, Römerbad, historische Altstadt, Stadtmauer, Trachtenmuseum, 13 fließende Brunnen

Stadtverwaltung, Frauenberggasse 1, 72348 Rosenfeld
Telefon: 07428/9392-16, Fax: 07428/9392-33

72108 Rottenburg a. N. 17

Die heutige Stadt geht auf eine keltische Siedlung zurück, die in der Römerzeit ein bedeutender Ort wurde. Am Rande dieser später von den Alamannen zerstörten großen Siedlung entstand im frühen Mittelalter Rottenburg, das im 13. Jh. von den Grafen von Hohenberg das Stadtrecht erhielt. Heute Sitz der Diözese Rottenburg-Stuttgart.

Lage und Landschaft: am Rande der Schwäbischen Alb, Neckartal
Höhe: 349 m ü. NN
Gewässer: Neckar
Naturschutzgebiete: Stadtwald Rottenburg
Geologische Besonderheiten: Trichter im Weggental (Molasseschotter), Alter Steinbruch (Muschelkalk mit Verwerfung)
Gästebetten: 643
Wahrzeichen: Dom Sankt Martin

Baudenkmale:
Stadtmauer, Tore und Türme, Got. Marktbrunnen, Stiftskirche St. Moriz mit got. Freskenzyklus, Sülchenkirche - Grablege der Bischöfe, Barocke Wallfahrtskirche Weggental, Wurmlinger Kapelle mit roman. Krypta, Dom St. Martin, Zehntscheuer und Stadtmühle

Museen und sonstige Sehenswürdigkeiten:
Diözesanmuseum Rottenburg (bedeutende Sammlung von Malerei und Plastiken des Mittelalters), Sumelocenna Museum Rottenburg - Römisches Stadtmuseum, Stiftsmuseum in der Morizkirche (kirchliche Kunst aus der Zeit des Chorherrenstifts), Sülchgau-Museum (Archäologische Ausgrabungen), Aussichtsturm Weilerburg, Tiergehege Schadenweiler-Hof

WTG Rottenburg am Neckar mbH, Marktplatz 18, 72108 Rottenburg am Neckar, Telefon: 07472/916236, Fax: 07472/916233,
e-mail: tourismus@wtg-rottenburg.de, Internet: www.rottenburg.de

73577 Ruppertshofen 9

Eingebettet in die reizvolle Landschaft des Schwäbischen Waldes, liegt Ruppertshofen auf der Frickenhofer Höhe als ein Teil der nördlichen Randgemeinden um Schwäbisch Gmünd. Zum Hauptort Ruppertshofen gehören die Teilorte Tonolzbronn, Steinenbach, Birkenlohe und Hönig. Ruppertshofen hat eine Gemarkungsfläche von 1421 Hektar und momentan 1.800 Einwohner.

Höhe: 511 m ü. NN
Gewässer: Rot, Haldenbach, Hirlenbach
Naturschutzgebiete: Landschaftsschutzgebiet "Welzheimer Wald mit Leintal"

Gemeindeverwaltung Ruppertshofen, Erlenstraße 1, 73577 Ruppertshofen
Telefon: 07176/6573; Fax: 07176/6540
E-Mail: info@rupperstshofen.de, Internet: www.ruppertshofen.de

72813 St. Johann 18

Die Flächengemeinde liegt auf der Hochfläche der Schwäbischen Alb in unmittelbarer Nähe der Kurstadt Bad Urach. In St. Johann begrüßen Sie sechs reizvolle, ehemals selbständige und teilweise preisgekröhnte Urlaubsdörfer zu jeder Jahreszeit.

Lage und Landschaft: auf der leicht hügeligen Hochfläche der Kuppenalb liegen die Dörfer der Gemeinde St. Johann zw. den Tälern von Echaz und Erms
Höhe: 690 - 820 m ü. NN
Gewässer: Ursprung der Kleinen Lauter in St.Johann-Gächingen
Naturschutzgebiete: Ohnastetter Bühl, Rutschen, div. Landschaftsschutzgebiete und ein Grabungsschutzgebiet
Geologische Besonderheiten: Steilabfall der Schwäbischen Alb - Rutschenfelsen, Naturdenkmal Doline auf dem Rutschenhof, „Hungerbrunnen" im Lonsinger Tal
Gästebetten: ca. 400
Wahrzeichen: Aussichtsturm Hohe Warte

Baudenkmale:
Altes Fachwerkrathaus Würtingen, Wehrkirche in St. Johann-Gächingen, Marienkirche in St. Johann-Upfingen

Museen und sonstige Sehenswürdigkeiten:
Heimatstube in St. Johann-Bleichstetten, Andreaskirche in St. Johann-Würtingen mit wertvollen Decken- und Wandmalereien, Roßbrunnen in St. Johann-Lonsingen, Ski- und Heimatmuseum in St. Johann-Upfingen

Tourist-Information St. Johann, Kirchgasse 1, 72813 St. Johann-Upfingen,
Tel. 07122/9231, Fax 07122/3679,
e-mail: Touristik-St.Johann@t-online.de, Internet: www.st-johann.de

89601 Schelklingen 27

Saftige Wiesen, weite berauschende Wälder, samtige Wacholderheiden wechseln einander im Schmiechtal ab. Schelklingen gehört zum Verkehrsverein Schmiechtal und ist ein Zentrum der Zementproduktion am Südrand der Alb.

Lage und Landschaft: Südostrand der Schwäbischen Alb, Urstromtal der Donau zw. Ehingen und Blaubeuren
Höhe: 540 - 752 m ü. NN
Gewässer: Aach (Bach)
Naturschutzgebiete: Schmiechener See
Geologische Besonderheiten: Hohler Felsen (Höhle)
Gästebetten: ca. 70

Museen und sonstige Sehenswürdigkeiten:
Heimatmuseum, St. Afra-Kapelle, Kapelle auf dem Herz-Jesu-Berg (Barockkapelle mit Stationenweg), Hohler Felsen (Höhle), Schlossturm

Stadtverwaltung, Marktstr. 15, 89601 Schelklingen
Telefon: 07394/248-0, Fax: 07394/248-50,Internet: www.schelklingen.de

73114 Schlat 14

Die ländlich geprägte Gemeinde ist weit über die Grenzen des Landkreises Göppingen für ihren Obstbau bekannt. Ein Hauptwanderweg des Schwäbischen Albvereins sowie der Radwanderweg Schwäbische Alb durchqueren die Markung.

Lage und Landschaft: Zwischen oberem und unterem Filstal, wenige Kilometer südlich von Göppingen, liegt Schlat am Fuße von Wasserberg (751m) und Fuchseck (762m) im Voralbgebiet. Die Gemeinde wird landschaftlich reizvoll umrahmt von Streuobstwiesen und landwirtschaftlichen Flächen und zeichnet sich durch ihren hohen Erholungswert aus.
Höhe: 420 m ü. NN (Ortslage)
Gewässer: Schlater Bach, Weilerbach
Gästebetten: ca. 20

Sehenswertes:
Ausgangspunkt für Ausflüge zum Wasserberg (bewirtetes Albvereinshaus, Di. + Mi. Ruhetag) und Fuchseck; mehrere hervorragende Einkehrmöglichkeiten im Ort, in der Nähe die Kreisstadt Göppingen (Museen, Baudenkmale), die Fünf-Täler-Stadt Geislingen (Museen, Ruine Helfenstein) und die Kurgemeinden Bad Boll, Bad Ditzenbach und Bad Überkingen.

Bürgermeisteramt, Hauptstr. 2, 73114 Schlat
Tel. 0 71 61/8 10 97, Fax. 0 71 61/81 29 70,
e-mail: info@schlat.de, Internet: www.schlat.de

72355 Schömberg/Oberes Schlichemtal 23

Seit alters her hat die Stadt für die Raumschaft und deren Umland eine zentrale Bedeutung. Als geschichtlich gewachsener Mittelpunkt ist sie für die Raumschaft des Oberen Schlichemtales zugleich Sitz des Gemeindeverwaltungsverbandes mit rd. 9 500 Einwohner. Zum GVV Oberes Schlichemtal zählen neben Schömberg auch die Orte Dautmergen, Dormettingen, Dotternhausen, Hausen a.T., Ratshausen, Weilen u.d.R. und Zimmern u.d.B.

Lage und Landschaft: Oberes Schlichemtal, am Fuß des Großen Heuberg
Höhe: 676 m ü. NN
Gewässer: Schlichem, Schlichem-Stausee
Geologische Besonderheiten: am Fuße der höchsten Berge der Schwäbischen Alb, Lemberg (1015 m), Oberhohenberg (1010 m) und Plettenberg (1005 m)
Gästebetten: ca. 250
Wahrzeichen: Schlichem Stausee

Baudenkmale: Altstadt, Wallfahrtskirche „Palmbühl" (erbaut 1631), Narrenbrunnen, barocke Dorfkirche in Schörzingen (erbaut 1741), Gedenkstätte „Eckerwald"
Museen und sonstige Sehenswürdigkeiten:
Narrenmuseum

Gemeindeverwaltungsverband Oberes Schlichemtal,
Schillerstr. 29, 72355 Schömberg
Telefon: 07427/94980, Fax: 07427/949830,
e-mail: gvv@oberes-schlichemtal.de, Internet: www.oberes-schlichemtal.de

73614 Schorndorf 8

Schorndorf ist vor allem als die Geburtsstadt von Gottlieb Daimler, der mit seiner Erfindung die Welt revolutionierte, bekannt. Aber Schorndorf bietet mehr: Die Stadt war württembergische Festungsstadt: das trutzige Burgschloss und die Stadtmauerreste zeugen von den mächtigen Befestigungsanlagen. Der Stadtkern stammt aus der Zeit nach dem großen Stadtbrand (1634) ist fast vollständig erhalten.
Lage und Landschaft: im Tal der Rems zwischen Weinbergen und Wald am Rande der Schwäbischen Alb und Schwäbischem Wald
Höhe: 240-513 m ü.NN

Gewässer: Rems, Naturbad Ziegeleisee
Naturschutzgebiete: Naturschutzgebiet Seelachen (an der Rems)
Gästebetten: ca. 150

Baudenkmale: Stadtkirche (15.-17.Jh.), Burgschloss, ehem. Jagdschloss

Museen und sonstige Sehenswürdigkeiten:
Stadtmuseum, Geburtshaus von Gottlieb Daimler, „Grünpfad", Schorndorfer Skulpturenrundgang, Historischer Stadtrundgang

Stadtinfo, Marktplatz 1, 73614 Schorndorf, Tel. 07181/602-140, Fax 07181/602-141,e-mail: stadtinfo@schorndorf.de

73525 Schwäbisch Gmünd 9

Um 782 als Mönchsniederlassung des Klosters St. Denis bei Paris im Herzogtum Schwaben erwähnt, ist Schwäbisch Gmünd wahrscheinlich die älteste nachweisbare Stauferstadt im heutigen Württemberg. Seit dem Mittelalter blühten Handel und Gewerbe. In neuerer Zeit herrschte das Gold- und Silberhandwerk vor; daher der heutige Beiname „Gold- und Silberstadt".

Lage und Landschaft: im Talkessel der Rems zwischen Schwäbischer Alb und Schwäbischem Wald
Höhe: 321 - 781 m ü. NN
Gewässer: Rems, Schießtalsee
Naturschutzgebiete: Naturschutzgebiet Kaltes Feld
Geologische Besonderheiten: Dreikaiserberge, Hohenstaufen; Stuifen und Rechberg; Höhlen: Jakobshöhle, Enges Loch und Fasnachtshöhle
Gästebetten: 1.150

Baudenkmale:
Johanniskirche (Pfeilerbasilika v. 1220/1250), Heilig-Kreuz-Münster (älteste süddeutsche Hallenkirche von 1315), Augustinuskirche (im 18 Jh. barockisiert, Fresken), Franziskanerkirche (Baldachinaltar), Burgruine Rechberg

Museen und sonstige Sehenswürdigkeiten:
Museum für Natur und Stadtkultur im Prediger; Silberwaren- und Bijouterienmuseum „Ott-Pausersche Fabrik"; Geologischer Lehrpfad Hölltal

i-Punkt am Marktplatz, Marktplatz 37/1, 73525 Schwäbisch Gmünd,
Tel. 07171/603-4210, Fax 07171/603-4299,
e-mail: tourist-info@schwaebisch-gmuend.de,
Internet: www.schwaebisch-gmuend.de

72477 Schwenningen/Heuberg 30

Das andere Schwenningen (auf dem Heuberg), der kleine Ort mit dem großen Namen. Es ist eine reizvolle Gemeinde über dem Tal der jungen Donau. Der alte, liebevoll renovierte Ortskern mit der im Mittelpunkt stehenden Pfarrkirche St. Kolumban sind Zeugen der ersten urkundlichen Erwähnung. Feriengäste haben hier den idealen Standort für unvergleichliche Tagestouren in die Umgebung.

Lage und Landschaft: zwischen Schwäbischer Alb und Bodensee über dem „Oberen Donautal" auf der Albhochfläche; hügelige Berglandschaft mit gesundem Klima
Höhe: 840 - 920 m ü. NN
Gewässer: Flußgebiet Donau, Wasserschutzgebiet

Naturschutzgebiete: Zugang zum Naturschutzgebiet Irndorfer Hardt 2 km, Naturpark „Obere Donau"
Geologische Besonderheiten: mehrere Dolinen in der Umgebung, weißer Jura, Kalkstein, Schnaidkapf (höchste Erhebung im Landkreis Sigmaringen, (921 m ü. NN). Erlebnisweg, 11 km lang eine Art Lehrpfad mit 30 Info-Tafeln, die u. a. die geologischen Besonderheiten der Landschaft erklären. Feldkreuzweg, 25 km lang ein Rundweg der an allen Feldkreuzen und Kapellen der Gemarkung vorbeiführt. Beide Rundwege fahrradgeeignet.
Gästebetten: ca. 100
Wahrzeichen: Schloss Werenwag

Baudenkmale:
Schloss Werenwag, Kath. Pfarrkirche St. Kolumban erbaut 1817/1820

Museen und sonstige Sehenswürdigkeiten:
Schwenningen ist das Tor zum Tal der jungen Donau. Aussichtspunkte ins Donautal wie Blick vom Eichfelsen, Glasträgerfelsen, Echofelsen, Ruine Hausen sind von hier aus auf ebenen Wegen leicht zu erreichen. Jährlich im September und Oktober findet der „Schwenninger Strohpark" statt, eine Freiluftausstellung mit Strohfiguren auf einer Wiese Richtung Hausen i.T. Das Herbst-event auf dem Heuberg!

Bürgermeisteramt - Verkehrsamt, Alte Pfarrstr. 9, 72477 Schwenningen
Telefon: 07579/9212-0, Fax: 07579/9212-50, e-mail: Info.Schwenninger@t-online.de

72488 Sigmaringen 31

Gemütliche Stadt an der jungen Donau, inmitten des Naturparks Obere Donau. In der Stadtmitte liegt hocherhoben das Schloss des Fürsten von Hohenzollern. Der alte Stadtkern mit seiner Fußgängerzone lädt zum Bummeln und die Cafes und Bistros zum Verweilen ein. Ein Kinderspielplatz am Bootshaus ist ein beliebter Treffpunkt für Familien.

Lage und Landschaft: an der Donau, am Südrand der Schwäbischen Alb, im Naturpark „Obere Donau"
Höhe: 570 - 794 m ü. NN
Gewässer: Donau
Naturschutzgebiete: Naturpark „Obere Donau"
Geologische Besonderheiten: Donaudurchbruch zwischen Sigmaringen und Tuttlingen
Gästebetten: 370
Wahrzeichen: Schloss des Fürsten von Hohenzollern

Baudenkmale:
Schloss, Barockkirche St. Johannes der Evangelist

Museen und sonstige Sehenswürdigkeiten:
Heimatmuseum im ehem. Wehrturm der Stadtmauer (Runder Turm), Schlossmuseum, Wasserwerkmuseum

Städt. Verkehrsamt, Schwabstr. 1, 72488 Sigmaringen
Telefon: 07571/106-223, Fax: 07571/106-177, e-mail: tourismus@sigmaringen.de

72517 Sigmaringendorf 31

Sigmaringendorf mit dem Ortsteil Laucherthal ist eine Wohn- und Industriegemeinde in landschaftlich schöner Umgebung an der Donau.

Lage und Landschaft: am Tor zum Oberen Donautal im Naturpark „Obere Donau", umgeben von Wald- und Kulturlandschaft, am Donauradweg
Höhe: 569 m ü. NN
Gewässer: Donau und Lauchert
Gästebetten: 30
Wahrzeichen: Kirche St. Peter und Paul, Wasserturm

Baudenkmale:
Rathaus, Kirche, Pfarrhaus, Feuerwehrhaus

Museen und sonstige Sehenswürdigkeiten:
Bruckkapelle mit Barockaltar an der Donaubrücke, Freilichttheater „Waldbühne“

Bürgermeisteramt, Hauptstr. 9, 72517 Sigmaringendorf
Telefon: 07571/7305-0, Fax: 07571/14907

72820 Sonnenbühl 18/25

Inmitten der abwechslungsreichen Kuppenlandschaft zwischen 700 - 880 Meter finden Familien mit Kindern ideale Ferien- und Freizeitangebote. Sonnenbühl gehört zu den beliebten Ferien- und Ausflugszielen in Baden-Württemberg. Nicht zuletzt durch die großartigen Tropfsteinhöhlen Bären- und Karlshöhle.

Lage und Landschaft: Schwäbische Alb/Westalb, Hochfläche, ca. 20 km südlich von Reutlingen
Höhe: 700 - 880 m ü. NN
Gewässer: Erpf (Erpfingen), Öschenbach, Wiesaz (Genkingen), Lauchert, Seebach (Willmandingen)
Naturschutzgebiete: NSG Ruchberg, Willmandingen
Geologische Besonderheiten: Nebelhöhle (Genkingen), Bärenhöhle (Erpfingen), Bohnerzgruben (Erpfingen, Willmandingen), Doline „Großes Rinnental" (zeitweise Kältepol Deutschlands)
Gästebetten: 370 + 150 Jugendherberge Erpfingen + Feriendorf „Sonnenmatte“ von Schwaben International (55 Häuser)

Baudenkmale:
Erpfingen: Rathaus, ehem. Schulhaus (heute Ostereiermuseum), Kirche, Burgruine Hohenerpfingen; Genkingen: Wehrturm/Kirche, Rathaus; Undingen: Kirchturm, altes Friedhofstor; Willmandingen: Pfarrhaus

Museen und sonstige Sehenswürdigkeiten:
Ostereiermuseum, Sommerrodelbahn

Tourist-Info, Hauptstr. 2, 72820 Sonnenbühl
Telefon: 07128/925-18, Fax: 07128/925 50,
e-mail: info@sonnenbuehl.de, Internet: www.sonnenbuehl.de

89567 Sontheim an der Brenz 16

Sontheim an der Brenz liegt landschaftlich reizvoll am Rande der Schwäbischen Alb, hin zur Ebene des Donautals. Dem Freund und Besucher erschließt sich ein modernes Gemeinwesen mit gut ausgeprägter Infrastruktur. So kann man sich beim Einkaufsbummel in gut ausgestatteten Einzelhandelsgeschäften informieren oder die abwechslungsreiche Gastronomie genießen.

Lage und Landschaft: Am Rande der schwäbischen Alb, hin zur Ebene des Donautals
Höhe: 443 – 460 m ü. NN
Gewässer: Brenz

Baudenkmale: Galluskirche (spätromanische Säulenbasilika im Ortsteil Brenz) Schloss Brenz mit Heimatmuseum.

Museen und sonstige Sehenswürdigkeiten: Heimatmuseum mit geologischer Sammlung im Schloss Brenz, Galluskirche im Ortsteil Brenz

Gemeindeverwaltung Sontheim an der Brenz, Brenzer Straße 25,
89576 Sontheim an der Brenz
Telefon: 07325/170; Fax: 07325/1747
Internet: www.sontheim-an-der-brenz.de

73565 Spraitbach 30

Spraitbach wurde im Jahre 1296 nach Christus zum ersten am in einer Urkunde erwähnt. Zur Gemeinde gehören die Teilorte Vorder- und Hinterlintal, Hertighofen und noch einige Weiler. Spraitbach ist heute eine gemischte Gemeinde mit Landwirtschaft, Gewerbe, Industrie und einer guten infrastrukturellen Ausstattung.

Lage und Landschaft: Auf der Höhe des Schwäbischen Waldes umgeben von lieglichen Waldtälern
Höhe: 550 m ü. NN
Gewässer: Reichenbachstausee
Gästebetten: 10

Museen: Bully Museum BULLYWORLD

Gemeinde Spraitbach, Kirchplatz 1
Telefon: 07176/6563-0; Fax: 07176/6563 29
Internet: www.Spraitbach.de

89555 Steinheim am Albuch 15

Die Gesamtgemeinde zählt 8.900 Einwohner, von den 1.800 in Söhnstetten leben. Die Gemeinde dehnt sich mit ihren Ortsteilen Söhnstetten, Sontheim im Stubental, Küpfendorf, Gnannenweiler, Iramannsweiler, Neuselhalden, Dudelhof, Ziegelhütten und Bibersohl auf einer Fläche von 8.240 ha Land aus.

Lage und Landschaft:
Steinheim am Albuch liegt 6 km westlich von Heidenheim, nahe an der B 466, landschaftlich reizvoll inmitten eines vor ca. 14,7 Mio. Jahren entstandenen Meteorkraters. Mehr als die Hälfte der Landschaftsfläche ist von Wald bedeckt und über 400 ha sind beweidetes Heideland.
Höhe: 500 – 700 m ü. NN
Naturschutzgebiet: Das Wental – Eine beliebte Wanderung führt durch das bekannte Wental, ein wildromantisches Trockental zwischen Steinheim und Bartholomä mit interessanten Felsformationen und Naturdenkmälern (Gehzeit: ca. 2 Stunden).
Geologische Besonderheiten:
Der geologische Lehrpfad von 6 bzw. 9 km Länge mit mehr als 20 erläuternden Tafeln beginnt und endet nahe des Meteorkrater-Museums im Ortsteil Sontheim/Stubental. Eine Tafel weist auf eine Grabungsstelle für "Hobbygeologen" hin.
Gästebetten: ca. 90

Museen und sonstige Sehenswürdigkeiten:
Das Meteorkrater-Museum im Ortsteil Sontheim im Stubental. Das "Steinheimer Becken", in welches unsere Gemeinde eingebettet liegt, wurde vor ca. 14,7 Mio. Jahren durch einen Meteoriteneinschlag gebildet. Es ist der weltweit wohl besterhaltene und prägnanteste Meteorkrater mit Zentralkegel. Das Museum präsentiert, auf dem neuesten Stand der Museumstechnik, die interessante erdgeschichtliche Vergangenheit des Steinheimer Beckens. Ein kurzer Videofilm (ca. 6 Minuten) simuliert modellhaft das Einschlagsgeschehen. Die Vielfalt der Pflanzen- und Tierwelt in der nach dem Einschlag entstandenen Seenlandschaft ist u.a. durch ein Diorama anschaulich dargestellt.
Als Ergänzung zum Museumsbesuch bietet sich die Heimatstube auf dem Klosterhof. Wie man früher in der Gemeinde Steinheim am Albuch lebte, zeigt die Heimatstube auf dem historischen Klosterhof. Eine original alte Schmiede gehört zu den weiteren Höhepunkten der Heimatstube. Außerdem präsentieren die Vertriebenen aus Kroisbach (Ungarn), Neudorf/Novoselo (Jugoslawien) und Weindorf (Ungarn) in der Heimatstube ihr donauschwäbisches Kulturgut.

Gemeindeverwaltung Steinheim, Fremdenverkehrsamt, Postfach 1140, 89555 Steinheim am Albuch , Telefon: 07329/9606-56

72510 Stetten a. k. M. 30

Stetten ist eine aufstrebende Heuberggemeinde mit je einer deutschen und französischen Garnison. Alle infrastrukturellen Einrichtungen für eine Gemeinde dieser Größe sind vorhanden. Handel, Handwerk und Gewerbe florieren.

Lage und Landschaft: Hochebene im süd-westlichen Bereich der Schwäbischen Alb, am Rande des Donautales
Höhe: 809 m ü. NN
Naturschutzgebiete: LSG Donau-Schmeiental, im Naturparkbereich „Obere Donau".
Aussichtspunkte: Mühlefelsen, Schaufelsen, Schauenburg
Gästebetten: 190

Baudenkmale: Rathaus (das ehem. Schloss des Herrn von Hausen und Stetten a. k. M. erbaut im 17. Jh.), Kath. Pfarrkirche St. Mauritius mit Kirchturm aus dem 13. Jahrhundert, mit Umbau 1636 und 1955, Fachwerkgiebel am Haus Bubser in der Ortsstraße 21
Museen und sonstige Sehenswürdigkeiten:
Feuerwehrmuseum im Gemeindehaus, Drei-Tritten-Wallfahrtskapelle, Schaufelsen

Gemeindeverwaltung, Rathausplatz 1, 72510 Stetten a.k.M.
Telefon: 07573/9515-16, Fax: 07573/9515-55,
e-mail: post@stetten-akm.de, Internet: www.stetten-akm.de

73495 Stödtlen 7

Die Gemeinde liegt im Nordosten des Ostalbkreises zwischen Ellwangen und Dinkelsbühl an der Landesgrenze von Baden-Württemberg und Bayern.

Lage und Landschaft: im Nordosten der Schwäb. Alb im Ellwanger Seenland
Höhe: 438 - 552 m ü. NN
Gewässer: Badeseen und Weiher
Naturschutzgebiete: Breitweiher mit Hilsenweiher
Gästebetten: 24

Baudenkmale:
St. Leonhardskirche

Bürgermeisteramt, Rathausstraße 11, 73495 Stödtlen
Telefon: 07964/9009-0, Fax: 07964/9009-17, Internet: www.stoedtlen.de

73527 Täferrot 9

Täferrot besteht aus den Teilorten Täferrot, Tierhaupten und Utzstetten und wurde zum erstenmal 1298 als "Afrenrot" urkundlich erwähnt. Im Ortsteil Täferrot befindet sich die wunderschöne St. Afra-Kirche. Täferrot selbst liegt idyllisch gelegen am Zusammenfluss der Lein und der Rot und gilt als "Perle des Leintals".

Lage und Landschaft: Am Zusammenfluss von Lein und Rot bis hin zu den Ausläufern der Frickenhofer Höhe.
Höhe: 402 – 520 m ü. NN
Gewässer: Lein, Rot Rehnenmühlenstausee, Feuersee
Landschaftsschutzgebiet: Leintal mit angrenzenden Nebentälern

Sehenwürdigkeiten: St. Afra-Kirche, Täferrot; Rehnenmühlenstausee (Badesee); Gaststube Rehnenmühle mit Zeltplatz und Minigolf.

Gemeindeverwaltung, Durlanger Str. 2, 73527 Täferrot,
Telefon: 07175/221; Fax: 07175/8968
E-mail: bma@taeferrot.ikdulm.bwl.de

73497 Tannhausen 7

Erstmals urkundlich erwähnt findet man die Landgemeinde im Jahre 1100, im Zusammenhang mit dem ältesten am Ort ansässigen Geschlecht, den Freiherrn von und zu Tannhausen. Ihr Sitz, ein idyllisches Landschlösschen, liegt am Ortseingang, von Ellwangen kommend, unweit der Sechta.

Lage und Landschaft: am Rande des Nördlinger Rieses und der Ostalb
Höhe: 514 m ü. NN
Gewässer: Sechta
Gästebetten: 4
Wahrzeichen: Spätgotische Pfarrkirche St. Lukas

Baudenkmale:
Schloss der Freiherrn von und zu Tannhausen

Gemeindeverwaltung, Hauptstr. 54, 73497 Tannhausen
Telefon: 07964/9000-0, Fax: 07964/9000-30,
e-mail: gemeinde@tannhausen.de, Internet: www.tannhausen.de

72818 Trochtelfingen 25

Die Stadt liegt auf der mittleren Alb inmitten eines idealen Wander- und Radelgebietes. In 5 Stadtteilen leben insgesamt ca. 6.500 Einwohner. Bekannt ist Trochtelfingen durch seine historische Kernstadt. Die Gastronomie ist überregional bekannt und hervorragend.

Lage und Landschaft: auf der Hochfläche der Schwäbischen Alb, sog. „Kuppenalb"
Höhe: ca. 700 - 800 m ü. NN
Gewässer: Seckach, Lauchert, Lauchertsee
Geologische Besonderheiten: Bröller (Höhle) im Stadtteil Hausen a.d.L.; Augstberg; Höhenzug Neuban im Stadtteil Mägerkingen
Gästebetten: ca. 125
Wahrzeichen: Der Hohe Turm (ehem. Wehrturm)

Baudenkmale:
Kirche St. Martin (spätgotisch), Schloss (spätgotisch), mittelalterliche Stadtbefestigung, fränkisch-alemannische Fachwerkhäuser im Stadtkern

Museen und sonstige Sehenswürdigkeiten:
Pfarrkirche St. Martin mit eindrucksvollen Fresken, Kapellen mit sehenswerten Ausstattungen, historische Kernstadt (mittelalterlicher Grundriss) mit Resten der Stadtbefestigungsanlage und schönen Fachwerkhäusern; Augstbergturm (Aussichtsturm beim Stadtteil Steinhülben)

Verkehrsamt, Rathausplatz 9, 72818 Trochtelfingen
Telefon: 07124/48-21, Fax: 07124/48-48,
e-mail: info@trochtelfingen.de, Internet: www.trochtelfingen.de

78647 Trossingen 29

Trossingen – eine Stadt voller Musik
Trossingen ist die Stadt der Musik. Dieser Ruf reicht 170 Jahre zurück, als alles mit der kleinen Mundharmonika begann. Heute verkaufen sich Instrumente und Noten aller Art aus Trossingen in der ganzen Welt.
Die erste urkundliche Erwähnung Trossingens ist auf das Jahr 797 datiert. Das heißt, dass die Stadt auf eine über 1200 jährige Geschichte, Entwicklung und Tradition zurückblicken kann. Im Heimatmuseum der Stadt, dass im Historischen Auberlehaus untergebracht ist, kann ein Stück Urgeschichte besichtigt werden: "Plateosaurus trossingiensis" heißt das in Trossingen gefundene Saurier-Ungetüm, das vor 200 Millionen Jahren durch die Juralandschaft jagte. Während der "schwäbische Lindwurm", wie er auch genannt wird, sich nicht mehr bewegt, ist die Museumsbahn als älteste noch betriebsbereite elektrische Eisenbahn noch

gut in Schuss.
Mehr Tage mit Sonnenschein als irgendwo anders in Deutschland sprechen für sich. Eine herrliche Landschaft mit hunderten Kilometer Rad- und Wanderwegen lädt zum Aktiv-Urlaub ein. Wildgehege für die Kleinsten, Reitmöglichkeiten, romantische Kutschfahrten durch die Wälder, der Gaugersee als Anlegestelle für Picknick und Angeln: Trossingen bietet viel für die ganze Familie.

Lage und Landschaft: Region Schwarzwald-Baar-Heuberg
Höhe: 660 - 760 m ü. d. M.
Gewässer: Gaugersee
Naturschutzgebiete: keine
Geologische Besonderheiten: in der Region Schwarzwald-Baar-Heuberg, auf der Hochebene zwischen Schwarzwald und Schwäbischer Alb gelegen
Gästebetten: ca. 200

Baudenkmale: Stadtkirche Martin-Luther-Kirche, Altes Rat- und Schulhaus, "Bähnle", alte Bauernhäuser im Stadtgebiet durch einen historischen Stadtrundgang erschlossen

Museen und sonstige Sehenswürdigkeiten: Deutsches Harmonika Museum (mit der Geschichte der Branche), Heimatmuseum im historischen Auberlehaus (mit plateosaurus trossingiensis)

Trossingen Kultur GmbH, Hohnerstr. 23, 78647 Trossingen
Telefon: 07425/ 326 883; Fax: 07425/326 985;
e-mail: info@trossingen-kultur.de, Internet: www.kultur-gmbh.de

72072 Tübingen 17

Die Universitätsstadt Tübingen mit ihren ca. 25 000 Studenten liegt am Zusammenfluss von Neckar, Ammer, Steinlach und Goldersbach am Übergang vom Südrand des Naturparks Schönbuch zum Vorland der Mittleren Schwäbischen Alb. Tübingen ist der geografische Mittelpunkt Baden-Württembergs!
„Universitätsstadt" (Moderne) und „historische Altstadt“ (Tradition) - das sind die Gegensätze, die sich in Tübingen auf so wundersame Weise zu einer Einheit fügen.

Lage und Landschaft: am Neckar im Vorland der Schwäbischen Alb
Höhe: 307 - 515 m ü. NN
Gewässer: Neckar
Naturschutzgebiete: Naturpark Schönbuch
Gästebetten: ca. 1200
Wahrzeichen: Neckarfront mit Hölderlinturm, Marktplatz mit Rathaus

Baudenkmale:
Stiftskirche (2. Hälfte des 15 Jh., Steinkanzel, Lettner); Neckarfront mit Hölderlinturm, Burgsteige, Marktplatz mit Rathaus (1435/1876, astronomische Uhr mit Glockenspiel), Schloss Hohentübingen mit Schlossmuseum (Ägyptische Grabkammer, Vogelherdfiguren, Archäologische Schausammlung,...), Klostersiedlung Bebenhausen mit ehemaligem Zisterzienserkloster und Schloss Bebenhausen

Museen und sonstige Sehenswürdigkeiten:
Hölderlinturm, Stadtmuseum, Auto- und Spielzeugmuseum „Boxenstop“, Geologisch - Paläontologische Sammlung, Botanischer Garten mit Tropicarium, Arboretum und großem Freiland, Kunsthalle mit Wechselausstellungen, Kloster- und Schloss Bebenhausen, Museum Schloss Hohentübingen, Universitätskarzer

Verkehrsverein, An der Neckarbrücke, 72072 Tübingen
Telefon: 07071/9136-0, Fax: 07071/35070,
e-mail: mail@tuebingen-info.de, Internet: www.tuebingen-info.de

78532 Tuttlingen 34/35

Tuttlingen ist eine Stadt mit einer ganz besonderen Atmosphäre und Ausstrahlung mit hohem Wohn- und Freizeitwert, Einkaufsstadt sowie Sport- und Kulturzentrum. Das arbeitssame, umweltfreundliche Wirtschaftszentrum an der Oberen Donau ist umgeben von landschaftlicher Vielfalt, ländlicher Idylle, Ruhe und Geborgenheit.

Lage und Landschaft: am Fuße der Schwäbischen Alb (Großer Heuberg) im Tal der jungen Donau
Höhe: 638 - 928 m ü. NN
Gewässer: Donau
Naturschutzgebiete: Naturpark „Obere Donau"
Geologische Besonderheiten: weltbekannte Donauversickerung beim Stadtteil Möhringen (Luftkurort)
Gästebetten: 700
Wahrzeichen: Festungsruine Honberg

Baudenkmale:
Evangelische Stadtkirche mit Jugendstilfassade, Fürstenbergisches Jagdschloss im OT Möhringen (seit 1924 Rathaus), Ruine auf dem Honberg

Museen und sonstige Sehenswürdigkeiten:
Museum Tuttlinger Haus, Heimatmuseum im ehemaligen herzoglichen Fruchtkasten, Städt. Galerie mit ständigen Wechselausstellungen zur zeitgenössischen Kunst, Rathaus erbaut 1804, Dampflokmuseum, vielfältige Sport- und Freizeitmöglichkeiten, geologischer Lehrpfad, Waldlehrpfad, Skilanglauf und ein dichtes Netz von Wanderwegen in herrlicher Landschaft

Tourist-Info im Bürgerbüro, Rathausstr.1, 78532 Tuttlingen
Telefon: 07461/99333, Fax 07461/99334
e-mail: touristik@tuttlingen.de, Internet: www.tuttlingen.de
und:
Touristik- und Verkehrsbüro, Hermann-Leiber-Str. 4, 78532 Tuttlingen-Möhringen, Tel. 07462/340 oder 9482-20, Fax 07462/7572, e-mail: touristik@tuttlingen.de, Internet: www.tuttlingen.de

89073 Ulm/Neu-Ulm 21

Die Großstadt im Osten der Schwäbischen Alb ist kultureller und wirtschaftlicher Mittelpunkt eines weiten Raumes. Durch die zentrale Lage im Süden Deutschlands und die sehr guten Verkehrsanbindungen ist Ulm auch Treffpunkt für Messen und Kongresse. Ulm ist Universitätsstadt und 1. Wissenschaftsstadt Deutschlands.

Lage und Landschaft: an der Donau, zwischen Schwäbischer Alb, Oberschwaben und Bayer. Schwaben
Höhe: 458 - 645 m ü. NN
Gewässer: Donau, Iller, Blau
Landschaftsschutzgebiete: Böfinger Halde, Großes Gehrn, Tobeltal, Schammental, Roter Berg, Spitalwald, Hochsträß, Hörnle, Gronne, Donaukanal, Butzental, Taubes Ried, Marienried
Geologische Besonderheiten: Donautal, Zufluss v. Iller u. Blau, Blautal, Albrand
Gästebetten: 2.410 (867)
Wahrzeichen: Ulmer Münster, Ulmer Spatz, Schneider von Ulm, Ulmer Schachtel (histor. Donauschiff)

Baudenkmale:
Ulm: Gotisches Münster mit höchstem Kirchturm der Welt (161,60 m), Rathaus von 1370, Bauten und Brunnen aus der Reichsstadtzeit, Fischer- und Gerberviertel, Stadtmauer von 1480, ehem. Bundesfestung Ulm, Metzgerturm (1345), Barock-Kloster Wiblingen mit Bibliothekssaal, Stadthaus (1993)
Neu-Ulm: Pfarrkirche St. Johann Baptist, Schloss Reutti, Edwin-Scharff-Haus (1977)

Museen und sonstige Sehenswürdigkeiten:

Ulm: Ulmer Museum, Deutsches Brotmuseum, Donauschwäbisches Zentralmuseum, Naturkundliche Sammlung der Stadt Ulm, Ulmer Aquarium mit Tropenhaus, Alter Friedhof, Einstein-Monument, Gebäude der ehem. Hochschule für Gestaltung und HfG-Archiv, Kunstpfad Universität Ulm, Kunstlandschaft Donau, Denkstätte „Weiße Rose“, ehem. KZ Oberer Kuhberg, Botanischer Garten
Neu-Ulm: Edwin-Scharff-Museum, Heimatmuseum, Archäologisches Museum, Glacis-Stadtpark, Brunnen und Denkmale im Stadtgebiet

Tourist-Information Ulm/Neu-Ulm, Münsterplatz 50 (Stadthaus), 89073 Ulm
Telefon: 0731/161-2830, Fax: 0731/161-1641,
e-mail. info@tourismus.ulm.de, Internet: tourismus.ulm.de

73485 Unterschneidheim 7

Die Ortschaften der Gemeinde waren im Mittelalter im Besitz des Deutschen Ritterordens und der Grafen von Oettingen. Nach 1806 Zugehörigkeit zu Württemberg. Bis zur Gemeindereform 1974 sieben selbständige Gemeinden. Seit 1975 Gesamtgemeinde mit 7 Ortsteilen.

Lage und Landschaft: Vorderes Ries, flache Hügellandschaft zwischen Schwäb. Jura und Virngrund
Höhe: 459 m ü. NN
Gewässer: Jagstursprung
Naturschutzgebiete: Heimischberg und Wössinger Berg
Gästebetten: 27
Wahrzeichen: „Schlössle“ (heutiges Rathaus)

Baudenkmale:
Pfarrkirche St. Peter und Paul (spätgotische Deutschordenskirche von 1458), Wallfahrtskirche St. Marien (barocke Wallfahrtskirche von Gabriel Gabrieli, erbaut 1723), Pfarrkirche St. Martin (barocke Deutschordenskirche 1766), „Schlössle“ (ehemalige Vogtei des Deutschen Ordens)

Museen und sonstige Sehenswürdigkeiten:
Geislingen: Hügelgräber aus der Hallstattzeit und keltische Viereckschanzen
Nordhausen: Hügelgräber im Nordosten, eine keltische Viereckschanze im Norden, römische Funde im Bereich nördlich und westlich der Ortschaft
Zöbingen: Funde und Grabhügel im Nonnenholz und am Hornsberg weisen auf voralamannische Siedlungen hin, alamannischer Baumsarg in der Sakristei der Wallfahrtskirche St. Marien
Heimatmuseum Unterschneidheim (kleines Freilandmuseum, welches das Leben und Arbeiten in Unterschneidheim um das Jahr 1900 dokumentiert und ein besonderes Augenmerk auf die Hausweberei legt)

Gemeindeverwaltung, Mühlweg 5, 73485 Unterschneidheim
Telefon: 07966/181-0, Fax: 07966 /181-30, e-mail: Uhl@Unterschneidheim.de

73116 Wäschenbeuren 9

Aus staufischem Nachlass und Lorcher Klosterbesitz entstand 1271 das ehemalige Rittergut Wäschenbeuren. Einer Legende nach war hier die Hofwäsche der Hohenstauferen angesiedelt – vermutliche rührt daher auch der Name der Gemeinde. Jedoch kann man mit Wäschenbeuren nicht nur auf Stauferspuren wandeln, sondern aufgrund der reizvollen geografischen Lage bietet der Ort Naturverbundenen ideale Möglichkeiten zum Wandern und Radfahren.

Lage und Landschaft: Am Rande des Schurwaldes und am Fuße des Hohenstaufens, genau zwischen Filstal und Remstal
Höhe: 325 – 550 m ü. NN
Gewässer: Sonderbach mit Sonderbachsee, Marbach, Krettenbach
Gästebetten: ca. 20
Geologische Besonderheiten: Hohenstaufen

Baudenkmale:
Wäscherschloss mit Staufergedächtnisstätte, Katholische Pfarrkirche (entstan-

den aus einer Kapelle, im Jahre 1507 eingeweiht), Amtshaus (erbaut 1588 vom Reichsfreiherren Conrad IV von Rechberg zu Staufeneck und Hohenrechberg), Kreuzweg

Wahrzeichen: Wäscherschloss
Kulturelle Höhepunkte: Großer Umzug am Samstag vor Aschermittwoch
Pfingstmontag: Großer Markt mit über 500jähriger Tradition

Gemeindeverwaltung Wäschenbeuren, Manfred-Wörner-Platz 1,
73116 Wäschenbeuren, Telefon: 07172/92655-0, Fax: 07172/92655-19
E-Mail: info@waeschenbeuren.de, Internet: www.waeschenbeuren.de

73550 Waldstetten 9

Staatlich anerkannter Erholungsort. Im Jahre 1275 wurde Waldstetten erstmals urkundlich erwähnt. Heute garantiert der Erholungsort Waldstetten mit seinen Teilorten Wißgoldingen und Weilerstoffel im Herzen der drei Kaiserberge -- Rechberg, Stuifen und Hohenstaufen – mit seinen 7.267 Einwohnern für überdurchschnittliche Urlaubsmöglichkeiten. Neben Hallenbad und Freibad, Freizeitanlagen Squash + Fit mit Sauna und der höchsten Kletterwand in Süd-Deutschland bietet Waldstetten ein gut ausgebautes Wanderwegenetz für Jung und Alt sowie Familien.
Lage und Landschaft: am Rande der Schwäbischen Alb im Ostalbkreis.
Höhe: Waldstetten: 387 m p. NN, Wißgoldingen: 544 m ü. NN.
Naturschutzgebiet: Das Naturschutzgebiet "Kaltes Feld mit Hornberg, Galgenberg und Eiersberg" ist eine Hochfläche von rund 635 ha.
Geologische Besonderheiten: Dreikaiserberge mit Stuifen, Hohenstaufen und Rechberg
Gästebetten: 174 Betten in Hotels, Gasthöfen, Ferienwohnungen und –heim, u.a. auch Ferien auf dem Bauernhof

Museen und sonstige Sehenswürdigkeiten: Reiterles Kapelle

Bürgermeisteramt Waldstetten, Hauptstraße 1, 73550 Waldstetten
Telefon: 07171/403-41, Fax: 07171/403-141
E-mail: info@waldstetten .de, Internet: www.waldstetten.de

73117 Wangen 13

Wangen liegt landschaftlich reizvoll zwischen Filstal und Remstal, am Fuße des Schurwaldes. Die Schwäbisch Alb und die drei Kaiserberge Hohenstaufen, Rechberg und Stuifen bilden ein eindrucksvolles Panorama. Die funktionierende Dorfgemeinschaft erkennt man am regen kulturellen Leben in der Gemeinde, mit vielfältigem Engagement der Vereine, Kirchen und der Bevölkerung insgesamt. Erwähnenswert sind die gastronomischen Betriebe mit einem breit gefächerten Angebot, das von einem mehrgängigen Menü bis zum einfachen Vesper mit Hausmacherwurst, Holzbackofenbrot und Most eine große Palette kulinarischer Köstlichkeiten bietet.

Lage und Landschaft: Unteres Filstal am Rande des östlichen Schurwaldes
Einwohner: 3.300
Höhe: 350 – 440 m ü. NN
Gästebetten: ca. 60

Sehenswürdigkeiten:
Der Ortsteil Oberwälden wurde bei Landes- und Bundesentscheidungen des Wettbewerbs "Unser Dorf soll schöner werden" mehrfach ausgezeichnet, zuletzt im Jahre 1991 mit der Silbermedaille beim Bundeswettbewerb. Besonders sehenswert sind die Wandmalereien in der Nikolauskirche in Oberwälden aus der Zeit um 1300.

Gemeindeverwaltung, Pfarrberg 2, 73117 Wangen,
Telefon: 07161/91418-0; Fax: 07161/9141833
E-Mail: rathaus@wangen.kdrs.de

78564 Wehingen 29

Die Gemeinde Wehingen als eine der ältesten Gemeinden im Landkreis Tuttlingen liegt mit seinen 3.600 Einwohnern in landschaftlich reizvoller Lage und umgeben von den höchsten Bergen der Schwäbischen Alb (Lemberg, Oberhohenberg, Hochberg) inmitten des Naturparks „Obere Donau". Die erste urkundliche Erwähnung der Gemeinde Wehingen geht zurück auf eine Urkunde des Klosters St. Gallen aus dem Jahre 793.

Lage und Landschaft: Zentral gelegen in der Region der „zehn Tausender" im Einmündungsbereich des Mühlbachtales in das Bäratal
Höhe: 752 - 1005 m ü.NN
Gewässer: Bära, Mühlbach
Naturschutzgebiet: Naturpark Obere Donau
Gästebetten: ca. 70

Sehenswürdigkeiten: Fronhofer Kirche, Bürglekapelle, Narrenbrunnen

Geschäftsstelle „Region der 10 Tausender", Ulrike Schätzle, Im Dörfle 14, 78586 Deilingen, Tel. 07426/51036, Fax 07426/912206,
e-mail: ulrike.schaetzle@t-online.de

73235 Weilheim a. d. Teck 13

Die Stadt liegt verkehrsgünstig am Fuße der Schwäbischen Alb. Durch seine reizvolle Landschaft - vorwiegend geprägt durch Streuobstwiesen und große zusammenhängende Waldflächen - genießt Weilheim eine starke Anziehungskraft für die erholungssuchende Bevölkerung in der Region Stuttgart.

Lage und Landschaft: 35 km südöstlich von Stuttgart am Fuße der Schwäbischen Alb
Höhe: 345 - 800 m ü. NN
Gewässer: Lindach, Zipfelbach
Naturschutzgebiete: Limburg, Zipfelbachschlucht mit anschl. Randecker Maar
Geologische Besonderheiten: Limburg 598 m (Vulkankegelberg), Egelsberg (Vulkankegelberg)
Gästebetten: 64
Wahrzeichen: Spätgotische Peterskirche

Baudenkmale: Peterskirche mit Wandmalereien, Barockorgel; Rathaus; Fachwerkhäuser im Stadtkern
Museen und sonstige Sehenswürdigkeiten:
restaurierte Fachwerkhäuser 15./16. Jh., Bürgerhaus, Kapuzinerhaus

Stadtverwaltung, Marktplatz 6, 73235 Weilheim a.d. Teck
Telefon: 07023/106-0, Fax: 07023/106-146,
e-mail: info@weilheim-teck.de, Internet: www.weilheim-teck.de

73249 Wernau (Neckar) 13

Mitten im Landkreis Esslingen liegt Wernau. Das Gesicht der 1968 zur Stadt erhobenen Gemeinde am Neckar hat innerhalb weniger Jahre kräftige Konturen gewonnen. Mit mehr als 12.000 Einwohnern ist Wernau eine junge liebenswerte Stadt mit aufgeschlossenen Bewohnern. Hier tut sich was. Geselligkeit ist großgeschrieben. Ob bei einer Hocketse oder in der Gastronomie...man lernt sich kennen. Das Freizeit- und Sportangebot ist abwechlungsreich. Für jeden ist etwas dabei.

Lage und Landschaft: im Albvorland am Neckar
Höhe: 248 - 353 m ü. NN
Gewässer: Neckar
Naturschutzgebiete: Wernauer Baggerseen, Wernauer Lehmgrube
Gästebetten: 215
Wahrzeichen: Palm'sches Schloss

Stadtverwaltung, Kirchheimer Str. 69, 73249 Wernau / Neckar
Telefon: 07153/9345-10, Fax: 07153/9345-19, Internet: www.wernau.de

72589 Westerheim 19

Mehrmals ausgezeichnet in Bundes- und Landeswettbewerben „Unser Dorf soll schöner werden", wurde Westerheim zur schönsten Erholungsgemeinde Baden-Württembergs gekürt und erhielt das Prädikat Luftkurort. Abseits der großen Verkehrswege, im nordwestlichen Zipfel des Alb-Donau-Kreises gelegen, bietet Westerheim seit Jahrzehnten Einwohnern und Gästen eine Vielzahl von Möglichkeiten zur Erholung und sportlichen Betätigung.

Lage und Landschaft: auf der Albhochfläche, Kuppenlandschaft, freie Tallagen und bewaldete Hügel
Höhe: 820 m ü. NN
Naturschutzgebiete: Landschaftsschutzgebiet Sattenlehen/Waldstetten
Geologische Besonderheiten: Schertelshöhle (Tropfsteinhöhle), 212 m lang
Gästebetten: 104
Wahrzeichen: St. Stephanus-Kirche und Haus des Gastes

Baudenkmale:
Loretto-Kapelle

Museen und sonstige Sehenswürdigkeiten:
Sellenbergkapelle, Schertelshöhle, Sommerrodelbahn

Verkehrsbüro, Kirchenplatz 16, 72589 Westerheim
Telefon: 07333/9666-12, Fax: 07333/9666-20, Internet: www.westerheim.de

73463 Westhausen 10

Westhausen befindet sich am Rande des Härtsfelds, eingebettet in das Jagsttal. Mit über 5.600 Einwohnern präsentiert sich Westhausen als aufstrebende ländliche Industriegemeinde.

Lage und Landschaft: Im Ostalbkreis am Schnittpunkt des A7 Abfahrt Aalen/Westhausen und der B29
Höhe: 453-723 m ü.NN
Gewässer: Jagst
Naturschutzgebiete: Stausee Stockmühle, Vogelschutzgebiet Stausee Rainau-Buch
Geologische Besonderheiten: direkt am Albtrauf gelegen
Gästebetten: ca. 100

Museen und sonstige Sehenswürdigkeiten: Pfarrkirche St. Mauritius, Wallfahrtskirche St. Silvester, St. Georgskapelle OT Reichenbach

Bürgermeisteramt, Jahnstr. 2, 73463 Westhausen,
Tel. 07363/840, Fax 07363/8450,
e-mail: info@westhausen.de, Internet: www.westhausen.de

73349 Wiesensteig 19

Wiesensteig - 861 erstmals urkundlich erwähnt - gab es schon lange Zeit vorher, das beweisen Funde und Siedlungsspuren aus der Zeit der Alamannen und Römer bis zurück zur Steinzeit. Prägend für Wiesensteig wird das 861 gegründete Benediktiner-Kloster aus dem um 1130 das weltliche Chorherrenstift hervorging und das bis 1803 bestand.

Lage und Landschaft: im obersten Talstück der Fils
Höhe: 585 - 750 m ü. NN
Gewässer: Fils
Geologische Besonderheiten: Felsnadel „Steinernes Weib"
Gästebetten: 125
Wahrzeichen: Stiftskirche St. Cyriatus

Museen und sonstige Sehenswürdigkeiten:
Residenzschloss der Helfensteiner, Marktplatz u. umgebende Fachwerkbauten

Städt. Verkehrsamt, Hauptstr. 25, 73349 Wiesensteig
Telefon: 07335/9620-0, Fax: 07335/9620-24, Internet: www.wiesensteig.de

72474 Winterlingen 31

Die Gemeinde gehört zum Zollernalbkreis, zur Region Neckar-Alb und zum Regierungsbezirk Tübingen. Winterlingen ist von der Ortsstruktur gewerblich-industriell geprägt. Am Ort sind alle Einrichtungen, die ein Gemeinwesen braucht, so dass Winterlingen im Sommer wie im Winter einen hohen Freizeitwert besitzt.

Lage und Landschaft: Hochfläche der Schwäbische Alb, Zollernalb
Höhe: 788 m ü. NN
Naturschutzgebiete: Riedlandschaft mit Weiher
Geologische Besonderheiten: Hausberg „Kapf"
Gästebetten: Ferienwohnung, Campingplatz in Planung
Wahrzeichen: Rathaus mit Wilhelm-Keinath-Park

Museen und sonstige Sehenswürdigkeiten:
Heimatmuseum Harthausen, St. Mauritius-Kirche Harthausen, St. Peter-Paul-Kirche Benzingen, Benzinger Wasserturm

Verkehrsamt, Marktstr. 7, 72474 Winterlingen
Telefon: 07434/2401, Fax: 07434/3970, Internet: www.winterlingen.de

73499 Wört 7

Im Jahre 1024 wurde Wört erstmals in einer Urkunde von Kaiser Heinrich II erwähnt, der heutige Name taucht 1221 auf. Der Ortsadel saß auf dem zur Wasserburg ausgebauten Burstel. Das heutige Schlösschen wurde 1626 an der Stelle dieser Steinburg erbaut.

Lage und Landschaft: am östlichen Rand des waldreichen Virngrunds, in leicht hügeliger Landschaft zwischen Wäldern, Wiesen und stillen Seen.
Höhe: 454 m ü. NN
Gewässer: Rotach, Dorfmühlweiher, viele fischreiche und saubere Gewässer
Gästebetten: 33
Wahrzeichen: Schlössle

Baudenkmale:
Schlössle, evangelische Martin Luther Kirche in Wört-Bösenlustau, katholische St. Nikolaus Kirche in Wört

Bürgermeisteramt, Hauptstraße 104, 73499 Wört
Telefon: 07964 / 90080, Fax: 07964/2856

78571 Wurmlingen 34

Die Gemeinde liegt eingebettet zwischen hohen Waldrücken links und rechts des Faulenbachtales und besitzt eine gesunde Wirtschaft- und Infrastruktur. Besonders ausgeprägt und gut ist die örtliche Gastronomie. Von der Gesamtgemarkungsfläche sind rund 60 % bewaldet, Luft und Klima sind deshalb entsprechend gut.

Lage und Landschaft: im Tal am Zusammenfluss von Faulenbach und Elta (nördlich von Tuttlingen) am Rande des Großen Heubergs
Höhe: 641 - 860 m ü. NN
Gewässer: Faulenbach und Elta
Gästebetten: 130
Wahrzeichen: Kirchturm der St. Galluskirche

Baudenkmale:
St. Galluskirche, Schloss (heute Schule), Hohbühlgebäude (früher Kellhof), Seba-

stianskapelle auf dem Friedhof, Alte Vogtey (heute Vereinshaus), Burgruine Konzenberg

Museen und sonstige Sehenswürdigkeiten:
Oberte-Museum im Dachgeschoss der Vogtey, Reste des Bades eines röm. Gutshofes unter einem Schutzhaus

Bürgermeisteramt, Postfach 5, 78571 Wurmlingen
Telefon: 07461/9276-0, Fax: 07461/9276-30,
e-mail: buergermeisteramt@wurmlingen.de

88529 Zwiefalten 26

Inmitten von Wäldern liegt am Fuß der Schwäbischen Alb der ehemalige Klosterort Zwiefalten. Das Grün der Wiesen und die klaren Bäche bilden eine malerische Kulisse für das herrliche und gewaltige Barockmünster, das den ganzen Ort überragt.

Lage und Landschaft: am Südrand der Schwäbischen Alb im Tal der Aach an der Oberschwäbischen Barockstraße
Höhe: 540 - 760 m ü. NN
Gewässer: Kesselaach und Wimsener Aach
Naturschutzgebiete: NSG Kohltal, Bannwaldgebiet
Geologische Besonderheiten: Wimsener Höhle (Friedrichshöhle) einzige mit dem Kahn befahrbare Quellhöhle in Deutschland
Gästebetten: 130
Wahrzeichen: zweitürmiges Barock-Münster, Spätbarock

Baudenkmale:
ehem. Benediktiner-Klosteranlage mit dem Münster (erbaut 1739-65 von Johann Michael Fischer und ausgestattet von Johann Michael Feichtmayr, Franz Josef Spiegler und Joseph Christian, Juwel des schwäb. Rokoko).

Verkehrsamt, Marktplatz 3, 88529 Zwiefalten
Telefon: 07373/205-20, Fax: 07373/205-55,
e-mail: info@zwiefalten.de, Internet: www.zwiefalten.de

Tourentipps

Tour 1 „Zu Seen und Römern rund um Ellwangen“

Hier im Nordostteil der Schwäbischen Alb laden Seen und Wiesen zum Verweilen ein. Vergessen Sie die Badeutensilien nicht. Außerdem wandelt oder besser radelt man auf den Spuren der Römer. Die ausgewählte Tour ist 50 bzw. 67 km lang und man durchfährt eine Höhendifferenz von 400 bzw. 500 m.

Siehe Kartographieseiten 6/7/10

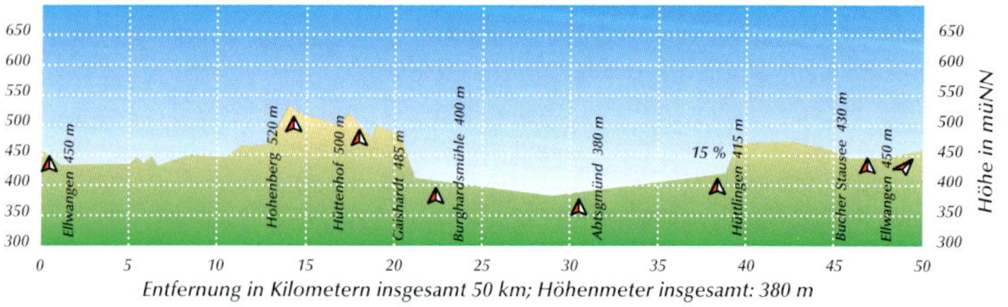

Tourentipps

Tour 2 „Vom Härtsfeld bis zum Ries“

Auf 95 km Länge bietet diese Strecke als Rundfahrt oder in Einzeletappen Abwechslung für die ganze Familie. Zwei typische Albstädte, Aalen und Heidenheim, sind die Ausgangspunkte, das Härtsfeld als markante Landschaft der Schwäbischen Alb bildet den Kern. Hier findet man Trockentäler, Wacholderheiden, weite Hochflächen, herrliche Wälder und freie Ackerflächen. Erdgeschichtlich spannend wird es dann am Ries um Nördlingen, einer kreisrunden Fläche von ca. 25 km2, die vor 15 Millionen Jahren durch einen mächtigen Meteoriteneinschlag entstand.

Siehe Kartographieseiten 10/11/15/16/10

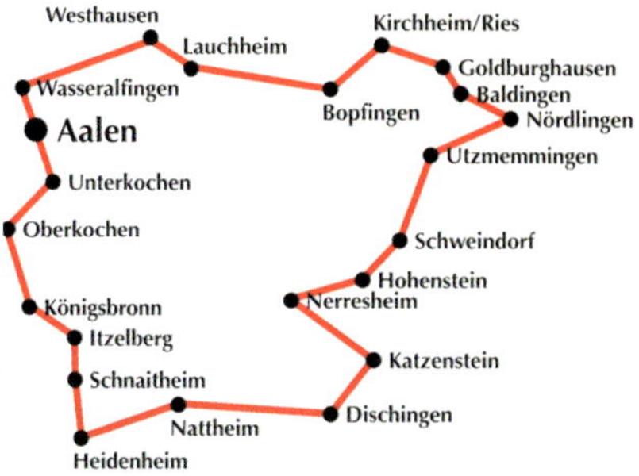

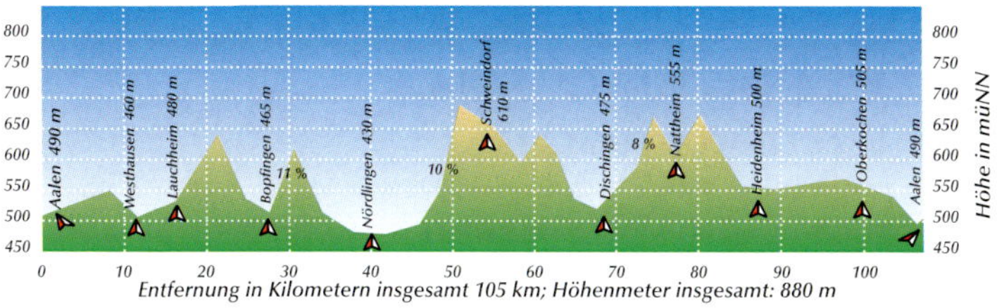

Tour 3 „Rund um den Albuch“

In der Ostalb, zwischen Fils- bzw. Lautertal im Westen, dem Lonetal im Süden und dem Kocher-Brenz-Graben im Osten, liegt der relativ dünn besiedelte Albuch. Hier spürt man Natur pur. Dicht bewaldete Gebiete wechseln mit herrlichen Freiflächen und Naturschutzgebieten, seltenen Pflanzen, „rauen“ Wiesen und Getreidefeldern.

Siehe Kartographieseiten 15/10

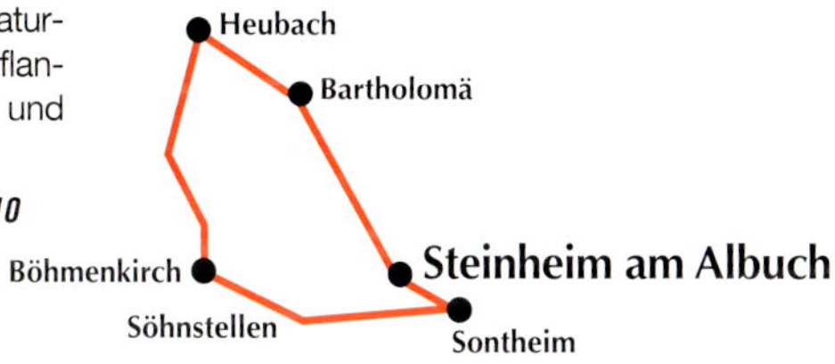

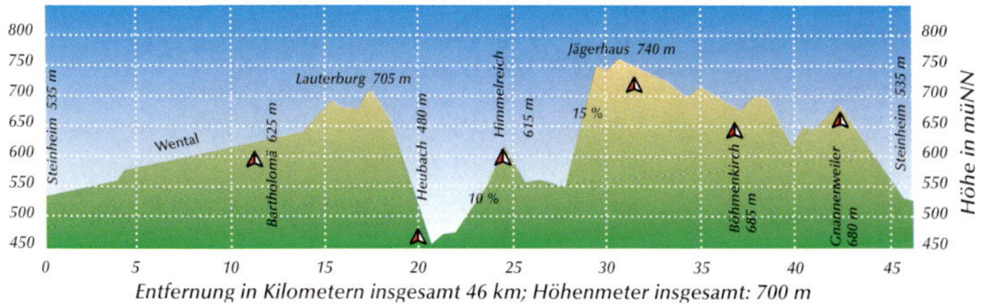

Tour 4 „Brenz, Blau und Raue Alb“

Über 160 km Tal-, Fluss- und Städteromantik, geologische Zeugen hautnah, die gesunde frische Luft der Heilbäder und die Herausforderungen des Albaufstiegs. Dieser Weg beinhaltet Schwäbische Alb pur und Abwechslung der besonderen Klasse. Nicht auf allen Abschnitten für Familien geeignet, aber doch in vielen Bereichen für alle radelbar, finden sich hier kleine, stille Sensationen wie die Steinernen Jungfrauen genauso wie imposante weltberühmte Bauwerke wie das Ulmer Münster und tiefe geologische Einblicke in das Innere der Schwäbischen Alb.

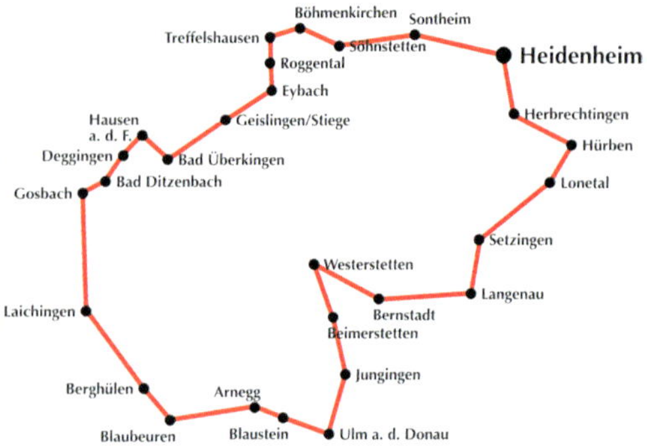

Siehe Kartographieseiten 15/21/20/14/15

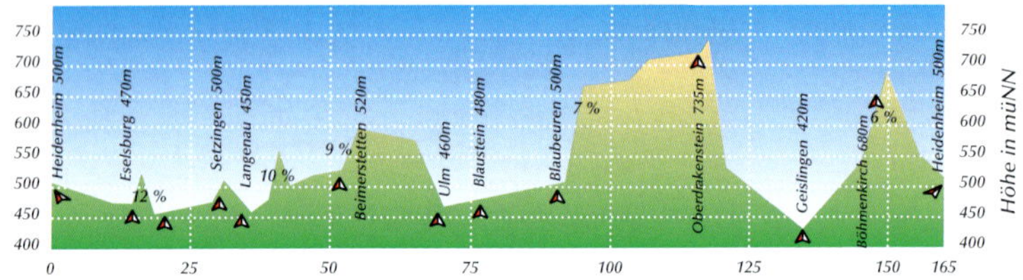

Entfernung in Kilometern insgesamt 165 km; Höhenmeter insgesamt: 1100 m

Tour 5 „Im Land der Staufer“

Hoch thront der „schwäbschen Berge schönster“ (Ludwig Uhland über den Hohenstaufen) über dem Stauferland, umgeben von den beiden weiteren „Kaiserbergen“ Rechberg und Stuifen. Er ist der Stammsitz und Namensgeber der Stauferdynastie, die im 12. - 13. Jhd. von hier aus bleibenden Ruhm erlangen sollte.

Siehe Kartographieseiten 15/14/09/08/14/14/14/15

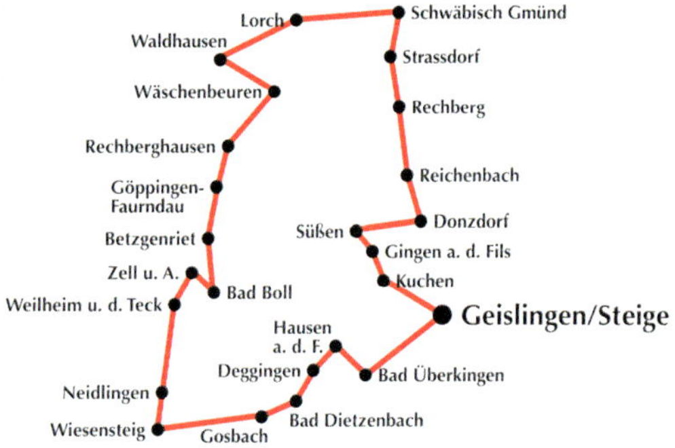

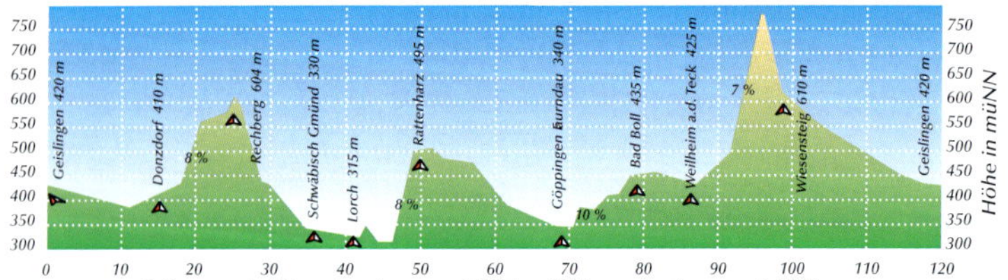

Entfernung in Kilometern insgesamt 120 km; Höhenmeter insgesamt: 1100 m

Tour 6 „Von der Fils bis an die Erms“

Auf die Hochflächen, weit in die Tiefen und in das Herz der Schwäbischen Alb führt diese Tour zwischen Fils und Erms. Eine Reise zum Mittelpunkt von erdgeschichtlichen Wundern und über Millionen von Jahren gewachsenen Besonderheiten. Hier wird anschaulich, wie die Schwäbische Alb entstanden ist und was sie in ihrem Inneren „bewegt“. Vom Urstromtal der Donau bei Schelklingen hinauf zu den Höhen und herrlichen Aussichten der Münsinger Alb. Die Europäische Wasserscheide markiert in diesem Landstrich den uralten Kampf zwischen Rhein und Donau.

Siehe Kartographieseiten 19/20/2/26/19

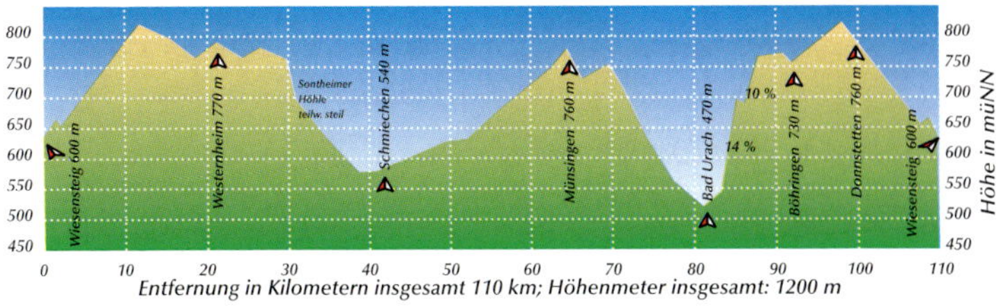

Tour 7 „Durch die Täler von Lauter, Donau und Lauchert"

Stadt, Land und noch mehr Flüsse, so könnte man diese Reise umschreiben. „Lauter wunderbar fließende Eindrücke", so würde ein Schwabe diese Kilometer der stillen Bewunderung beschreiben. Die Natur bahnt sich ihren Weg, langsam und gemächlich, aber zielstrebend sicher. Schön, dass man dieser Geduld „nachfahren" kann.

Siehe Kartographieseiten 19/26/32/31/25/18/19

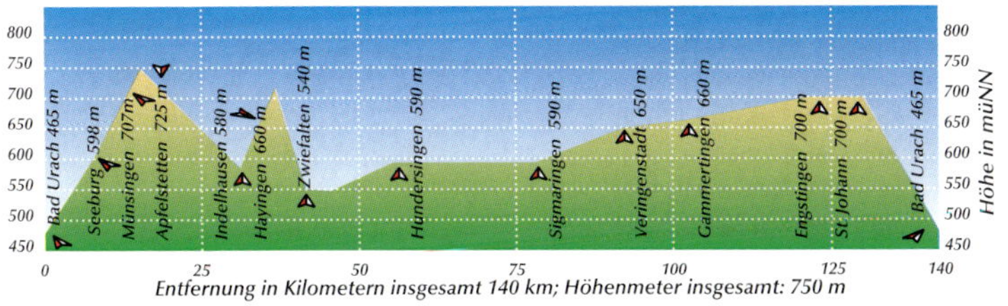

Tour 8 „Von dr Alb ra" ins Albvorland

Von der Reutlinger Alb als Startpunkt runter nach Reutlingen, das Schloss Lichtenstein und die Achalm im Blick, zur Universitätsstadt Tübingen im Albvorland über Rottenburg nach Hechingen, die Burg Hohenzollern im Visier, und über Burladingen

wieder zurück nach Engstingen. Schwer zu sagen, welches der Etappenziele am meisten beeindruckt. Jedes wohl auf seine Art. Atemberaubende Landschaften, romantische Städte, beruhigend dahinziehende Flüsse, die blaue Mauer des Albtraufs. Lassen Sie sich überraschen.

Siehe Kartographieseiten 25/18/1/24/25

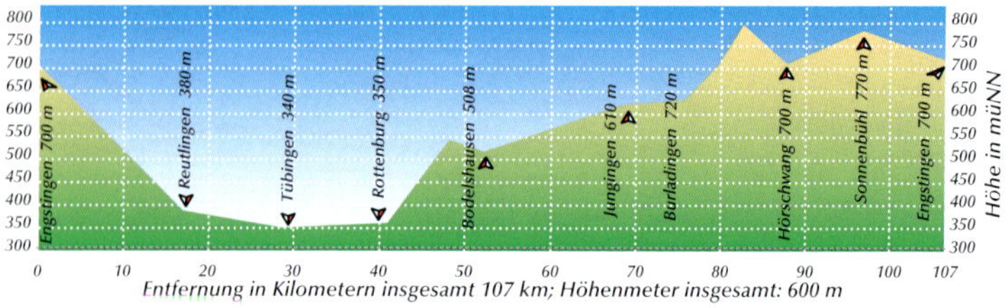

Entfernung in Kilometern insgesamt 107 km; Höhenmeter insgesamt: 600 m

Tour 9 „Die Sonnenalb genießen“

Nur 45 km und ausreichend Gelgenheit, das zu genießen, was schon im Namen dieses Albteils steckt: die so wohltuenden Strahlen unseres besten und so zuverlässigen „Energieversorgungsunternehmens“. Auf der Sonnenalb wärmt sie ausdauernder als anderswo und doch ist es nie so heiß wie an anderen „Brat-Plätzen“.

Siehe Kartographieseiten 25/24/25

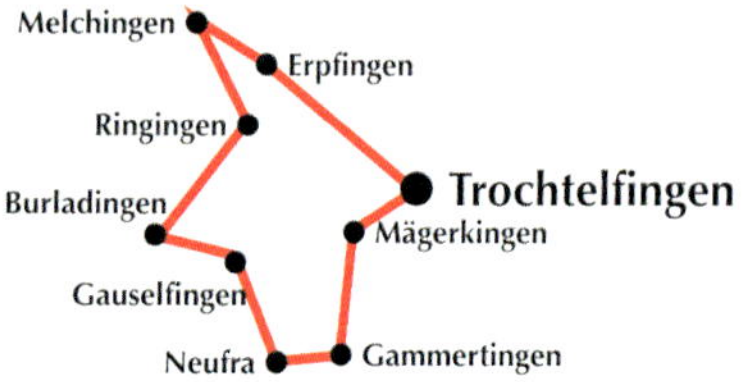

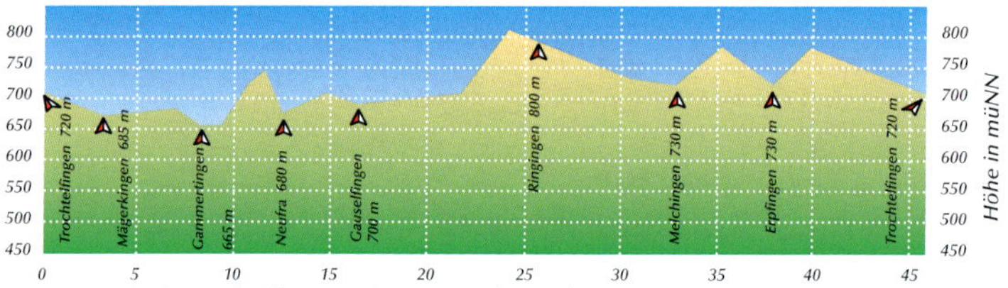

Entfernung in Kilometern insgesamt 45 km; Höhenmeter insgesamt: 420 m

Tour 10 „Wildromantische Täler und weite Höhen“

Von der Europäischen Wasserscheide in das Fehla- und Laucherttal, nach Sigmaringen und in den Naturpark Obere Donau. Es scheint so, als ob die umliegenden Berge ihre ganzen Geschichten in die Flüsse gelegt haben und sie so langsam weitererzählen lassen. Wildromantische Eindrücke wechseln ab mit hoch aufragenden Felsen und kulturgeschichtlichen Zeugen links und rechts. Über die Höhen des Großen Heuberg zurück nach Albstadt in den Zollerngraben. Hier warten so viele Erlebnisse darauf, von Ihnen entdeckt und wieder neu gesehen zu werden.

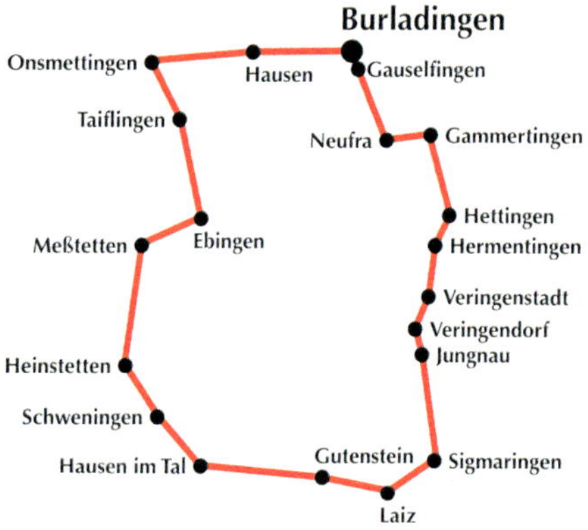

Siehe Kartographieseiten 24/25/30/31

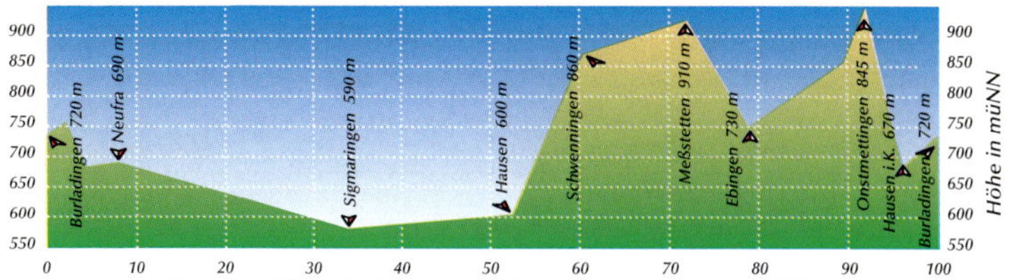

Entfernung in Kilometern insgesamt 100 km; Höhenmeter insgesamt: 550 m

Tour 11 „Im hohenzollerischen Land"

Eine große Schleife zu Füßen der Burg Hohenzollern, von Hechingen nach Haigerloch, über den Kleinen Heuberg nach Schömberg und über Balingen wieder zurück nach Hechingen zur Burg Hohenzollern. Romantik pur, Geschichte(n), Land und Leute: Hier stehen Gastlichkeit und schönste Landschaften auf dem Programm.

Siehe Kartographieseiten 24/23/29/24

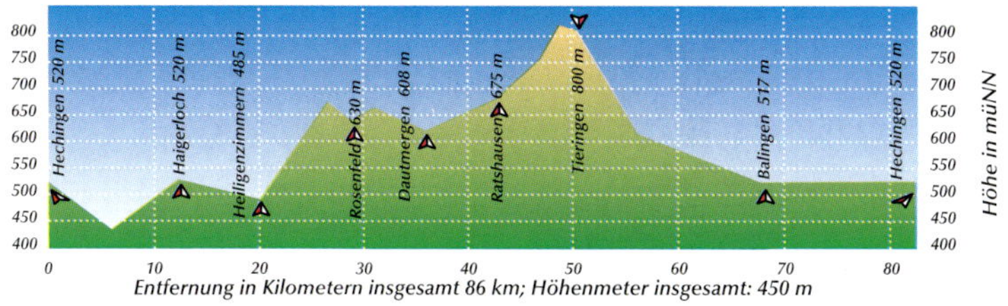

Entfernung in Kilometern insgesamt 86 km; Höhenmeter insgesamt: 450 m

Tour 12 „Der Heuberg - wo die Alb am höchsten ist"

Wenn die Kennzeichnung „raue" Schwäbische Alb wirklich zutreffen sollte, dann sind wir beim Großen Heuberg zumindest an ihrem höchsten Punkt angelangt. In diesem relativ dünn besiedelten Gebiet ist Natur pur erlebbar und in ihrer ganzen Faszination zu spüren. Weite Ackerhochflächen wechseln ab mit herrlichen Wiesen, Wäldern und romantischen Tälern. Im Süden das wildromantische Donaudurchbruchstal mit seiner Höhe von 650 m und am Albtrauf Höhen von 1000 m fahren – es gibt wenige Regionen, in denen Radfahren schöner wäre.

Siehe Kartographieseiten 30/35/34/29/30

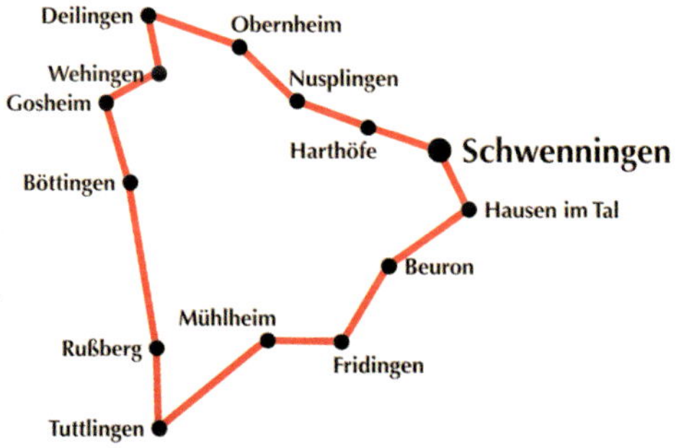

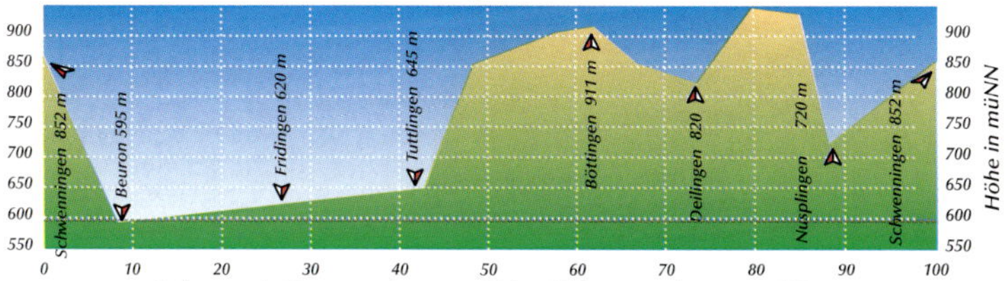

Entfernung in Kilometern insgesamt 89 km; Höhenmeter insgesamt: 600 m

Radeln entlang der Europäischen Wasserscheide

Kartenseite	Orte	Streckenlänge
30	– Trossingen	
	– Schura, Durchhausen, Gunningen	
	→ auf Straße bis Spaichingen	
	– Spaichingen	
	– Balgheim	
	→ auf Straße bis Dürbheim/Risiberg	
	– Böttingen	
	– Gosheim	
	– bis Wehingen	ca. 50 km
	– Deilingen, Tanneck	
	→ zwischen Burgbühl und Obernheim Richtung Norden nach Tieringen	
30	– Tieringen	
	– Hossingen	
	– Meßstetten	
24	– Ebingen	
	– Truchtelfingen	
	– Tailfingen	
	– Onstmettingen	
	– Hausen/Killertal	
	– Starzeln	
	– Ringingen } bis Ringingen	ca. 100 km
25	– Melchingen	
	– Willmandingen	
	– Undingen	
	– Engstingen	
18	– (östl.) Holzelfingen	
	– Stahleck	
	– St. Johann/Hohe Warte	
19	– Upfingen, Rietheim	
	– Sirchingen	
	– bis Trailfingen	ca. 150 km
	– Seeburg, Hengen, Römerstein-Böhringen	
	– Römerstein-Donnstetten	
	– Westerheim	
20/14	– (östl.) Drackenstein/Großmannshof	bis Amstetten
	→ Aufhausen, Türkheim, Amstetten oder	ca. 200 km
	→ Westerheim, Laichingen, Machtolsheim, Merklingen, Nellingen, Amstetten	
14	– Stubersheim	
	– Schalkstetten	
	– Waldhausen	
	– Steinenkirch	
15	– Böhmenkirch	
10	– Bartholomä	
	– Trauchenweiler	
	– Königsbronn	
	– Oberkochen	
	– bis Unterkochen	ca. 250 km
	– Neubau	
	– Bernlohe	
	– Hülen (Kapfenburg)	
11	– Lauchheim	
7	– Röttingen	
	– Baldern	
	– Zöbingen	
	– Walxheim	
	→ Pfahlheim, Eiberger Sägmühle, Haselbach, Rötlen, Neuenstadt, Neuenheim	
6	– bis Ellwangen	ca. 300 km

Überregionale Radwege

Radfernwege Baden-Württemberg

Von der Tourismus-Marketing GmbH Baden-Württemberg wurden folgende Radbroschüren herausgegeben (Wegeverlauf in der Schwäbischen Alb):

- Schwäbische Alb-Radweg
- Alb-Neckar-Radweg
- Neckartal-Radweg
- Hohenlohe-Ostalb-Radweg
- Hohenzollern Radweg
- Alb-Donau-Radweg
- Donau-Bodensee-Radweg und Bodensee-Radweg

(Tourismus-Marketing GmbH Baden-Württemberg, Esslinger Str. 8, 70182 Stuttgart, Tel. 0711/23858-0, Fax 0711/23858-98),
e-mail: info@tourismus-baden-wuerttemberg.de,
Internet: www.tourismus-baden-württemberg.de)

Folgende Radwege beginnen oder enden im Gebiet der Schwäbischen Alb:

Donau - Bodenseeradweg
(Städt. Kurverwaltung, Ravensburger Str. 1, 88339 Bad Waldsee,
Tel. 07524/941343, Fax 07524/941345)

Donau-Radweg
(Arbeitsgemeinschaft Deutsche Donau, Landratsamt Neuburg-Schrobenhausen, Platz der Deutschen Einheit 1, 86633 Neuburg/Donau,
Tel. 08431/57237, Fax 08431/57308, e-mail: info@deutsche-donau.de,
Internet: www.deutsche-donau.de)

Iller-Radweg
(Regionalverband Donau-Iller
Insel 14, 89231 Neu-Ulm, Tel. 0731/73041, Fax: 0731/24434)

Kocher-Jagst-Radweg
(Touristik-Service Aalen, Marktplatz 2, 73430 Aalen, Tel. 07361/522358,
Fax 07361/521907, e-mail: touristik-service@aalen.de, Internet: www.aalen.de oder Touristik-Gemeinschaft Neckar-Hohenlohe-Schwäbischer Wald e.V., Am Merkt 9, 74523 Schwäbisch Hall, Tel. 0791/751-385, Fax: 0791/751-642,
e-mail: tg@schwaebischhall.de, Internet: www.schwaebischhall-touristik.de, www.kocherjagst.de)

Neckarradweg
Tourist-Information, Im Bahnhof Schwenningen, 78054 Villingen-Schwenningen, Tel.: 07720/8212-09, Fax: 07720/8212-07, e-mail: tourist-info@villingen-schwenningen.de, Internet: www.villingen-schwenningen.de

Ergänzende Kartenwerke

Adelberg
Freizeitkarte Östlicher Schurwald, Maßstab 1 : 12.500, 6 Radwandervorschläge, Streckenlänge: 13 – 35 km, Ortsbeschreibungen, Informationen: Klosterpark Adelberg, Sport- und Erholungszentrum, 73099 Adelberg, Tel. 0 71 66/9 12 10-0, Fax. 0 71 66/9 12 10-29

Alb-Donau-Kreis
Radwanderkarte mit 13 Tourenvorschlägen, Informationen und Tipps im Bereich Alb-Donau-Kreis/Ulm, Kartografie 1 : 50.000, Verkaufspreis: € 8,59, "fahrradies", Auswahl von fahrradfreundlichen Übernachtungsbetrieben im Alb-Donau-Kreis, Leistungsbeschreibung der Betriebe, kleine Karte mit Radwegenetz des Alb-Donau-Kreis, erhältlich bei: Tourismusförderung, Schillerstr. 30, 89077 Ulm, Tel. 07 31/1 85-0, Fax. 07 31/1 85-13 04 oder im Buchhandel

Albstadt
Kuhn-Radwanderführer mit Tourenführer Albstadt, € 10,12, erhältlich bei: Tourist-Information Albstadt, Marktstr. 35, 72458 Albstadt, Tel. 0 74 31/1 60-12 04, Fax. 0 74 31/ 1 60-12 27

ARGE Deutsche Donau
Radwandern von Donaueschingen bis Passau, Streckenlänge: ca. 609 km, von der Quelle bis zur deutsch-österreichischen Grenze, Campingplätze, Jugendherbergen und Wanderheime; Fahrradverleih- und –reparaturwerkstätten, Maßstab 1 : 50.000, Verkaufspreis: € 10,12, Informationen: Geschäftsstelle der ARGE Deutsche Donau, Platz der Deutschen Einheit 1, 86633 Neuburg an der Donau, Tel. 0 84 31/5 72 37, Fax. 0 84 31/5 72 05

Donau-Heuberg
Porträt der Region Donau-Heuberg, Ortsbeschreibungen, 2 Radrundtourenvorschläge mit dem Fahrrad Landschaften erleben, kein Kartenmaterial, 1. Tour Streckenlänge: 44, 3 km, 2. Tour Streckenlänge: ca. 35 km mit Abstechern zur Kolbinger Höhle 40,5 km, Verkaufspreis: € 1,79, Procon-Verlag, Karten über das Landesvermessungsamt Baden-Württemberg oder GVV Donau-Heuberg, Kirchplatz 2, 78567 Fridingen/Donau, Tel. 0 74 63/8 37-0, Fax. 0 74 63/8 37-50

Esslingen am Neckar, Stadt und Landkreis
7 Rad-Flyer mit Tourenkurzbeschreibung, Streckenlänge: 37 – 43,4 km, Wegbeschreibung mit Höhenunterschieden, Informationen: LRA Esslingen, Pulverwiesen 11, 73726 Esslingen am Neckar, Tel. 07 11/39 02-0, Fax. 07 11/39 02-10 30

Radwanderführer "Radwandern am Neckar, von der Quelle bis zur Mündung", Verlag Schwäbisches Tagblatt, Tübingen, Mai 1999, ISBN 3-928011-31-6, Verkaufspreis: € 12,78, Informationen: Esslinger Stadtmarketing und Tourismus GmbH

Filstal
"Filstalroute – Fahrradspass im Filstal", Übersichtskarte der Filstalroute, Einteilung in 21 Etappen, durchschnittliche Länge 2 – 8 km, Gesamtstreckenlänge: ca. 60 km, beschilderte Route (Logo Filstalroute auf allen Wegweisern), Informationen: LRA Göppingen, Verkehrsplanung, Lorcher Str. 6, 73033 Göppingen, Tel. 0 71 61/2 02-0

Giengen/Heidenheim
"radorado – Das neue Rad-Erlebnis im Brenztal", Übersichtskarte mit 5 Radtouren (Brenz-Tour, Meteor-Tour, Härtsfeld-Tour, Kliff-Tour und Höhlen-Tour), "radorado"-Radwanderwege sind exakt und umfassend ausgeschildert, Informationen erhältlich bei: Tourist-Information Heidenheim, Tel. 0 73 21/3 27-3 40, Fax. 0 73 21/3 27-6 87 oder Amt für Kultur, Sport und Touristik, 89537 Giengen, Tel. 0 73 22/9 53-2 92, Fax. 0 73 22/9 52-2 64 oder Allgemeiner Deutscher Fahrrad-Club (ADFC), Tel. 0 73 21/9 61-3 01, Fax. 0 73 21/9 61-3 02

Gastliches Härtsfeld
Radwanderkarte mit Übersichtskarte und 8 Radtourenvorschlägen, ausführliche Beschreibung der Touren, Maßstab 1 : 80.000, Verkaufspreis: € 2,05, erhältlich bei: Verkehrsverband Gastliches Härtsfeld, 73450 Neresheim, Tel. 0 73 26/81 49, Fax. 0 73 26/81 46

Ergänzende Kartenwerke

Hohenzollern
Radeln entlang der Hohenzollernstrasse, 7 Tagesetappen, Streckenlänge: 20 - 43 km, Rundweg, Informationen: Kurverwaltung Glatt, Im Schloss, 72172 Sulz-Glatt, Tel. 0 74 82/3 16 oder 91 34 33, Fax. 0 74 82/72 49

Kirchheim unter Teck
Mit dem Fahrrad Kirchheim unter Teck entdecken, Tourenvorschläge rund um Kirchheim unter Teck. Ausführliche Beschreibung von 2 Radtouren, Kartografie 1 : 35.000, Tipps und weiterführende Informationen, erhältlich bei: Stadt Kirchheim unter Teck, Verkehrsamt, Max-Eyth-Str. 15, 73230 Kirchheim unter Teck, Tel. 0 70 21/30 27, Fax. 0 70 21/48 05 38

Großes Lautertal
Radwanderkarte Großes Lautertal mit Münsinger- und Uracher Alb, erhältlich bei: Lautertal-Touristik-Gomadingen, Marktplatz 2, 72532 Gomadingen, Tel. 0 73 85/96 96 33, Fax. 0 73 85/96 96 22

Die "Öko-Regio-Tour" führt an vielen interessanten Stationen zum natürlichen Entdecken und Erleben vorbei (z.B. Schäferei, Produktion und Verarbeitung von regionalen Produkten).
Weitere Informationen: Tourist-Information Münsingen, Bachwiesenstr. 7, 72525 Münsingen, Tel. 0 73 81/1 82-1 45, Fax. 0 73 81/1 82-1 01

Naturpark Obere Donau
Radthemenweg, "Landwirtschaft im Naturpark - Einst und Jetzt" – Eine Wegbeschreibung, Streckenbeschreibung, am Radthemenweg beteiligte Betriebe, Angebote und Produkte, Unterkünfte, Naturparkexpress, Verkaufspreis: € 1,28, Informationen bei: Naturpark Obere Donau e.V., Geschäftsstelle, 88631 Beuron,

Erlebnisregion Schwäbische Ostalb
Radwanderkarte, die 10 schönsten Touren durch die Römeralb, Streckenlänge: 23 – 42 km, Höhenunterschiede, Schwierigkeitsgrad, Sehenswürdigkeiten, topographische Karte mit Maßstab 1 : 50.000. Erhältlich bei: Touristik-Service Aalen, Marktplatz 2, 73430 Aalen, Tel. 0 73 61/52 23 60, Fax. 0 73 61/52 19 07

Wander- und Radparadieskarte im Ostalbkreis, 12 Tourenvorschläge, detaillierte Beschreibung der Touren, Ortsbeschreibungen und Sehenswürdigkeiten, Streckenlänge: 18 – 110 km, Informationen bei: Tourist-Information Ellwangen, Spitalstr. 4, 72488 Ellwangen, Tel. 0 79 61/84-3 03, Fax. 0 79 61/5 52 67

Landkreis Reutlingen/Mythos Schwalb
Radwandern im Landkreis Reutlingen, Tourenvorschläge und Informationen, Kartografie: 1 : 50.000, 2 Streckentouren und 16 Rundtouren, Übersichtskarten, beschildertes Radwegenetz, Radverleih und –reparaturwerkstätten. Erhältlich bei: Fremdenverkehrsgemeinschaft Schwäbische Alb und Albvorland im Landkreis Reutlingen e.V..

Radeln ohne Gepäck, die grosse Radwandertour durch den Mythos Schwalb, 200 km Wegstrecke in 6 Tagesetappen unterteilt mit jeweils 40 km, erhältlich bei: Fremdenverkehrsgemeinschaft Schwäbische Alb und Albvorland im Landkreis Reutlingen e.V., Postfach 11 09, 72562 Bad Urach, Tel. 0 71 25/94 32-0, Fax. 0 71 25/94 32-22

Radelvergnügen im LK Reutlingen, 35 pfiffige Touren zwischen Schönbuch und Donau, viele Tipps, Hinweise und touristischer Serviceteil mit Detailinformationen, ISBN 3-88627-189-7, Verkaufspreis: € 10,18

Ries-Ostalb
Radwanderkarte das Herz der romantischen Strassen, Tourenvorschläge und Kurzbeschreibung des Ries-Radwege-Netzes, Radeln im Ries, Fahrradverleih und –reparaturwerkstätten, 15 Tourenvorschläge auf den Ries-Radwegen, Kartografie 1 : 150.000, Informationen bei: Touristik-Büro Bopfingen, Marktplatz 1, 73441 Bopfingen, Tel. 0 73 62/8 01-22, Fax. 0 73 62/8 01-50

Literaturhinweis: ADFC-Regionalkarte Schwäbische Ostalb – Stauferland, Maßstab 1 : 75.000, Radwanderkarte mit Tourenvorschlägen und Kilometerangaben, ISBN 3-870-73-258-X, Verkaufspreis: € 6,54

Ergänzende Kartenwerke

St. Johann

Radtouren rund um St. Johann, land- und forstwirtschaftliche Wege mit Asphaltbelag, geringe Höhenunterschiede, Streckenlänge: ca. 22 km, Wanderparkplätze als Ausgangspunkte, Auflistung der Sehenswürdigkeiten, Maßstab 1 : 30.000, Informationen bei: Touristik-Gemeinschaft St. Johann e.V., Kirchgasse 1, 72813 St. Johann-Upfingen, Tel. 0 71 22/92 31, Fax. 0 71 22/36 79

Radwanderkarte und Ortsplan mit Radwandervorschlägen, Radwanderwege um die jeweiligen Ortsteile, Maßstab 1 : 20.000, Informationen bei: Touristik-Gemeinschaft St. Johann e.V..

Oberes Schlichemtal

Vier gut beschriebene Rad-Trekking-Rundtouren, auch für Familien geeignet, auf Wunsch auch geführt, Infos und Karten: GVV Oberes Schlichemtal, Schillerstr. 29, 72355 Schömberg, Tel. 0 74 27/94 98-0, Fax. 0 74 27/94 98-30

Erlebniskreis Sigmaringen

Radeln in Sigmaringen und Umgebung, Ziele, Touren und Tipps, 7 ausführlich beschriebene Rund- und Streckentouren, Abbildung des Radwegenetzes und Sehenswürdigkeiten, Streckenlänge: 20 – 40 km, Informationen bei: Tourist-Info Sigmaringen, Schwabstr. 1, 72488 Sigmaringen, Tel. 0 75 71/1 06-2 23, Fax. 0 75 71/1 06-1 77

Erlebnisradeln durch die Epochen, Donau – Federsee, 164 Seiten reich bebilderte Broschüre mit detaillierten Karten, Sehenswürdigkeiten, Verkaufspreis: € 4,09, Informationen bei: Tourismusreferat LRA Sigmaringen, Leopoldstr. 4, 72488 Sigmaringen, Tel. 0 75 71/1 02-3 58, Fax. 0 75 71/1 02-5 40

Stauferland

"Ferien auf Schwäbisch", Tourenbeschreibungen mit Übersichtskarte, 15 Fahrradtouren rund um Schwäbisch Gmünd durch: Erlebnisregion Schwäbische Ostalb, Stauferland, Ries-Ostalb, Streckenlänge: 16 – 64 km, erhältlich bei: Touristik-Gemeinschaft Stauferland, Marktplatz 37/1, 73525 Schwäbisch Gmünd, Tel. 0 71 71/6 03-42 50, Fax. 0 71 71/6 03-42 99

Radtouren auf Stauferspuren, Radwanderkarte mit 16 Tourenvorschlägen, ausführliche Beschreibung der Touren mit Sehenswürdigkeiten, Angabe von Steigungen, Maßstab 1 : 75.000, Gebühr: € 2,56
Die 13 schönsten Fahrradtouren rund um die älteste Stauferstadt Schwäbisch Gmünd, Rundtouren, Streckenlänge: 35 – 70 km, Angabe von Sehenswürdigkeiten und Höhenmetern. Eerhältlich bei Touristik-Gemeinschaft Stauferland

Teck-Neuffen

Raderlebnis-Touren: Vier Touren (33 – 40 km) vom Neckar ins Albvorland und auf die Albhochfläche, Raderlebnis zwischen Neckar, Teck und Neuffen, Kartographie 1 : 50.000, vier einzelne Flyer, erhältlich bei: Fremdenverkehrsverein Teck-Neuffen, Max-Eyth-Str. 15, 73230 Kirchheim unter Teck, Tel. 0 70 21/30 27, Fax. 0 70 21/48 05 38

Tuttlingen

Radwandern im LK Tuttlingen, 33 wunderschöne Touren, Ortsbeschreibungen, Fahrradverleih und –reparaturen, Sehenswürdigkeiten, Karten, Freizeit- und Einkehrtipps, Maßstab 1 : 100.000 bzw. 1 : 5.000, Streckenlänge: 12 – 90 km, Verkaufspreis: € 10,12, ISBN 3-87450-026-8. Informationen: Touristik und Verkehrsbüro, Hermann-Leiber-Str. 4, 78532 Tuttlingen-Möhringen, Tel. 0 74 62/3 40 oder 94 82-20, Fax. 0 74 62/75 72

Ulm/Neu-Ulm

Stadtkarte für Radfahrer, Maßstab 1 : 20.000, Verkaufspreis: € 1,63, erhältlich bei: Stadt Ulm, Amt für Verkehrsplanung und Strassenbau oder bei der Tourist-Information Ulm/Neu-Ulm, Münsterplatz 50 (Stadthaus), 89073 Ulm/Donau, Tel. 07 31/1 61-28 30, Fax. 07 31/1 61-16 41

Radausflüge um Ulm, Übersichtskarten, Literatur- und Stichwortverzeichnis, 20 Radtourenvorschläge, Streckencharakteristik, Verkaufspreis: € 6,54, Gondrom Verlag, ISBN 3-8112-0775-X, erhältlich bei: Tourist-Information Ulm/Neu-Ulm

Westerheim
Ortsplan mit Wander-, Rad- und Loipenkarte, Beschreibung von 2 Radrouten "Rund um Westerheim", Streckenlänge: 20 – 22 km, erhältlich bei: Verkehrsbüro Westerheim, 72589 Westerheim, Tel. 0 73 33/96 66 12, Fax. 0 73 33/96 66 20

Zollernalb
Radwanderführer "Fit auf der Zollernalb", Tourenvorschläge für Radwanderer, Rennradfahrer, Mountainbiker und Rollstuhlfahrer, Übersichtskarte mit allen Radwegen, Sehenswürdigkeiten und Höhenunterschiede, Maßstab 1 : 280.000 bzw. 1 : 150.000, Verkaufspreis: _ 10,12 zzgl Versandkosten, erhältlich bei: Zollernalb Tourist-Info, Hirschbergstr. 29, 72336 Balingen, Tel. 0 74 33/92 11 39, Fax. 0 74 33/92 16 10

Für die gennanten Preise wird keine Gewähr übernommen!

Mountainbiketouren

Donau-Heuberg
Portrait der Region Donau-Heuberg, 2 Radrundtouren, die sich hervorragend zum Mountainbiken eignen, Streckenlänge: Tour 1: 44,35 km, Tour 2: ca. 35 km mit Abstecher zur Kolbinger Höhle: 40,5 km, topografische Karte im Maßstab 1 : 50.000, Informationen bei: GVV Donau-Heuberg, Kirchplatz 2, 78567 Fridingen/Donau, Tel. 0 74 63/8 37-0, Fax. 0 74 63/8 37-50

Göppingen
Rad- und Mountainbike-Touren rund um Göppingen, 9 Tourenvorschläge, 9 Faltblätter mit je einer detaillierten Toutenbeschreibung und 1 Faltblatt mit Tourenübersicht, Startplätze, Kontaktadressen und Hinweise, Streckenlänge: 17,8 – 57 km, Informationen: Tourist-Information Göppingen, Marktstr. 2, 73033 Göppingen, Tel. 0 71 61/6 50-2 92, Fax. 0 71 61/6 50-2 99

Münsingen
Mehrtägige geführte Mountainbiketouren am Albtrauf entlang, durch das romantische Große Lautertal ins Donautal und auf die Kuppenalb. Pauschalangebot mit geführten Touren und Übernachtung von Mai – Oktober, Informationen: Tourist-Information Münsingen, Bachwiesenstr. 7, 72525 Münsingen, Tel. 0 73 81/1 82-1 45, Fax. 0 73 81/ 1 82-1 01 und Helmut Schneiderhan, Grundstr. 1, 72525 Münsingen, Tel. 0 73 81/20 89, Fax. 0 73 81/47 28

Rottenburg am Neckar
2 Adressen mit Mountainbiketouren:
Sportpark Bananas, Junghansring 64, 72108 Ergenzingen, Tel. 0 74 57/9 41 50
Mapet Fitness & Gesundheits Club, Röntgenstr. 39, 72108 Rottenburg, Tel. 0 74 72/98 37-0, Fax. 0 74 72/98 37-22

Zollernalbkreis
Radfahren auf der Zollernalb, Radwanderkarte mit 11 Tourenvorschlägen für Mountainbiker (zusätzliche Vorschläge für Radwanderer und Rennradfahrer), topografisches Kartenmaterial, Spiralbindung, ausführliche Touren- und Ortsbeschreibungen, Streckenlänge: 18,2 – 45 km, Verkaufspreis: _ 10,12, erhältlich bei: Zollernalb Tourist-Info, Hirschbergstr. 29, 72336 Balingen, Tel. 0 74 33/92 11 39, Fax. 0 74 33/92 16 10

Fahrradverleih

A Fahrrad Mayle GmbH, Stuttgarter Str. 16, 73430 Aalen, Tel. 07361/62238

Rad u. Tat, Inhaber U. Haubner, Bahnhofsstr. 33, 73430 Aalen, Tel. 07361/62238

Fahrradverleih Klosterpark Adelberg, -Wellenbad-, 73099 Adelberg, Tel. 07166 - 912100

B Adventure Bike, Dürnauer Str. 14, 73087 Bad Boll, Tel. 07164/9037156, Fax 07164/6270, Internet: www.adventure-bike.de, e-mail: info@adventure-bike.de

Tourismus- und Kulturbüro im Haus des Gastes, Helfensteinstr. 20,

73342 Bad Ditzenbach, Tel. + Fax 07334/6911

„Der Radgeber“ in der Kurverwaltung Bad Überkingen, Gartenstr.1, 73337 Bad Überkingen, Tel. 07331/961919

Adolf Fischer, Inhaber K. Petershans GmbH, Stuttgarter Str. 1-3, 72574 Bad Urach, Tel. 07125/1442-0

Sport-Paul, Lange Str. 15, 72336 Balingen, Tel. 07433/36163

Radverleih Heinz Eppinger, Hintere Dorfstr., 88631 Beuron-Hausen, Tel. 07579/933706 und 0172/7483403, Fax: 07579/933707, e-mail: Valley-bike@gmx.de

Fa. Knödler, Radsport, Karlstr. 11, 73266 Bissingen/Teck, Tel. 07023/72662

Fahrrad Käppeler, Karlstr. 52, 89143 Blaubeuren, Tel. 07344/6398

Fahrrad Sigloch, Karlstr. 9, 89143 Blaubeuron, Tel. 07344/6354

Franz Kiene, Gründelbuchweg 4, 88637 Buchheim, Tel. 07777/1037

Peter Heinrich, Bike Sport, Hirschaustr. 45, 72393 Burladingen, Tel. 07475/91323

D Fahrradgeschäft Manfred + Helga Eberle, Hülbener Str. 32, 72581 Dettingen, Tel. 07123/7966

Gasthaus „Goldenes Rössle“, Familie Streif, Hauptstrasse 14, 89561 Dischingen, Tel. 07327/6266

E Zweirad-Center, Hans Rothenbacher, Lindenstr. 71, 89548 Ehingen, Tel. 07391/2909

Fahrrad Ilg, Amtsgasse 12, 73479 Ellwangen, Tel. 07961/2390

Ellwanger Radhaus, Mühlgraben 76, 73479 Ellwangen, Tel. 07961/6659

Fa. Ochs, Im Grund 10, 72800 Eningen u. A., Tel. 07121/87264

F Gasthaus Feuerhake, Bahnhofstr. 107, 78567 Fridingen a.D., Tel. 07463/410

G Brix-Sportshop, Gewerbepark, Sigmaringer Str. 24, 72501 Gammertingen, Tel. 07574/7205

Ferienwohnung Heinz Bieger, Uhlandstr. 6, 72501 Gammertingen, Tel. 07574/91037 (nur für Gäste)

Kiener, K.-R., Schlachthausstr. 20, 73312 Geislingen an der Steige, Tel. 07331/961980, Fax 07331/961982 (nach Absprache)

Peter Treß, Bahnhofstr. 2, 72532 Gomadingen, Tel. und Fax 07385/1517, mobil: 0172/1960530

H Kult-Tour-Häusle, Inh. Moni Fried, Mühlstr. 19, 72534 Hayingen-Indelhausen, Tel.07386/1293

Gasthof “Hirsch”, Fam. Kloker, Wannenweg 2, 72534 Hayingen-Indelhausen, Tel. 07386/9778-0, Fax 07386/9778-99

Fahrradverleih, Fa. Radsport Veloce, Stanco Marcello, Kaufhausstr. 13, 72379 Hechingen, Tel. 07471/6886

Staffa`s Fahrradladen,Bahnhofsplatz 11, 89518 Heidenheim, Tel. 07321/929444

L Zweirad Schaufler, Gottlieb-Daimler-Str. 3, 89150 Laichingen, Tel.: 07333/6586

Zweirad-Shop Oesterle, Feldstetter Str. 84-86, 89150 Laichingen, Tel. 07333/922323

Gertrud Bieg, Hauptstr. 54, 73466 Lauchheim, Tel. 07363/5430

M Siegfried Radzuweit, Schloß 8, 78570 Mühlheim, Tel. 07463/1477

N Czernoch, Brunnsteige 17, 72622 Nürtingen, Tel. 07022/39364

O Zweiradcenter Emil Elmer, Aalener Straße 64, 73447 Oberkochen
Tel.: 07364/6507

P Hotel garni Engelhardt, Hauffstr. 111, 72793 Pfullingen, Tel. 07121/99200,
Fax 07121/9920222, e-mail: info@hotel-engelhardt.de

R Trans-Velo, Kaiserstr. 52, 72764 Reutlingen, Tel. 07121/470726

Fahrrad Sauer, Steinachstr. 46-50, 72770 Reutlingen,
Tel. 07121/95050

Fahrrad- und Freizeit Kilian, Friedrich-Naumann-Str. 51,
72762 Reutlingen, Tel. 07121/206518

Fa. Albert Haas, Schlosserei-Fahrräder-Flaschengas,
Poststr. 19, 72587 Römerstein-Böhringen, Tel. 07382/5457,
Fax. 07382/5763

Freestyle der Zweiradshop, Haller Str. 21, 73494 Rosenberg,
Tel. 07967/1277

Micki Sport Handels-GmbH, Hasslerstr. 8, Tel. 07472/3842,
Königstr. 47, Tel. 07472/3004, 72108 Rottenburg am Neckar

Fa. E. Zebisch, Metzelplatz 4, 72108 Rottenburg am Neckar,
Tel. 07472/23443

S Gasthaus Krone, Uracher Str. 17, 72813 St. Johann-Upfingen,
Tel. 07122/9888, Fax 07122/3640

Fahrrad Kaiser GmbH, Heinkelstraße 27, 73614 Schorndorf,
Tel. 07181/929892

Fahrrad Schmidt, Lorcher Str. 13, 73525 Schwäbisch Gmünd,
Tel. 07171/61565

Fahrrad Gräßle, Rinderbachergasse 43, 73525 Schwäbisch
Gmünd, Tel. 07171/68818

Weinhaus Unger, Inh. Siber, Hausertalstr. 16, 72477 Schwenningen,
Tel. 07579/1858, Fax 07579/2239

Campingplatz Sigmaringen, Hr. Friemauth, Georg-Zimmerer-Str.,
72488 Sigmaringen, Tel. 07571/50411, Fax 07571/50412

Radladen Sattelfest, Burgstr. 10, 72488 Sigmaringen, Tel. 07571/ 682255

Jugendherberge Erpfingen, Auf der Reute 1,
72820 Sonnenbühl, Tel. 07128/1652

Hotel-Restaurant "Kreuz", Hauptstr. 9, 72510 Stetten a.k.M.,
Tel. 07573/802, Fax 07573/5490

T „Fahrrad-Fischer“, Martin Fischer, Marktstr. 49, 72818 Trochtelfingen,
Tel. 07124/9280-0

Roland Ilg, Ernst-Haller-Str. 29/2, 78647 Trossingen; 07425/81 49

Velo-Technik,Lilli-Zapf-Str. 20, Loretto-Areal,
72072 Tübingen, Tel. 07071/369562

FahrRadLaden am Rathaus, Haaggasse 43, 72070 Tübingen,
Tel. 07071/23244, Fax 07071/26365

Luggi Lammert, Dieselstr. 24, 72074 Tübingen, Tel. 07071/84216, Fax 84221

RADlager GmbH, Lazarettgasse 19-21, 72070 Tübingen,
Tel. 07071/551651

Nerz, Ludwigstaler Str. 77, 78532 Tuttlingen, Tel. 07461/96000,
Fax 07461/960021

Dangelmaier, Oberamteistr. 26, 78532 Tuttlingen, Tel. 07461/3019,
Fax 07461/15126

Radler-Welt, Ambrosius-Blarer-Str.1, 78532 Tuttlingen, Tel. 07461/72001

U Fa. Ralf Reich, Frauenstr. 34, 89073 Ulm, Tel. 0731/21179

Fahrradverleih Neue Arbeit e.V., Büchsengasse 25, 89073 Ulm, Tel. 0731/9623231

Fahrradverleih BIKELINE, Walfischgasse 18, 89073 Ulm, Tel. 0731/6021358

W Fahrradeinzelhandel RADHAUS, Helstr. 37, 72474 Winterlingen, Tel. 07434/8047

Z Bernhard Engst, Riedlinger Str. 50, 88529 Zwiefalten-Baach, Tel. 07373/566 u. 567

Fahrradservice

A Radsport Gaiser, Stuttgarter Str. 27, 73430 Aalen, Tel. 07361/61580

Fahrrad Mayle GmbH, Stuttgarter Str. 16, 73430 Aalen, Tel. 07361/62232

Rad u. Tat, Inhaber U. Haubner, Bahnhofstr. 33, 73430 Aalen, Tel. 07361/62238

Perfektkauf, Kolpingstr. 10, 73433 Aalen-Wasseralfingen, Tel. 07361/74990

Rundum, Schafgasse 32, 73433 Aalen-Wasseralfingen, Tel. 07361/527877

MOTODROM Zweiradservice GmbH, Schmiedstr. 21, 73433 Aalen-Wasseralfingen, Tel. 07361/780432

Zweirad Beck, Hofherrnstr. 74, 73434 Aalen-Unterrombach, Tel. 07361/42583

Fa. Paul Salat, Hauptstr. 16, 73453 Abtsgmünd, Tel. 07366/7282
Hermann Herb Fahrräder, Am Sportplatz 29, 73099 Adelberg, Tel. 07166/355, Fax 07166/1345

Zweiradhaus Horn, Ebingen, Kientenstr. 17, 72458 Albstadt, Tel. 07431/53338, Fax 07431/51128

Fa. Pro Bike, Ebingen, Truchtelfingerstr. 110, 72458 Albstadt, Tel 07431/90797

Rebi Ski und Sport,Truchtelfingen, Konrad-Adenauer-Str. 16, 72461 Albstadt, Tel. 07432/3125, Fax 07432/7506

Radsport Mabitz, Tailfingen, Hechinger Str. 29, 72461 Albstadt, Tel. 07432/5850

B Adventure Bike, Dürnauer Str. 14, 73087 Bad Boll, Tel. 07164/9037156, Fax 07164/6270, Internet: www.adventure-bike.de, e-mail: info@adventure-bike.de

Tankstelle Niederberger, Heubacher Str. 36, 73566 Bartholomä, Tel.: 07173/7308

Adolf Fischer, Inhaber K. Petershans GmbH, Stuttgarter Str. 1-3, 72574 Bad Urach, Tel. 07125/1442-0

Sport-Paul, Lange Str. 15, 72336 Balingen, Tel. 07433/36163

Fa. Knödler, Radsport, Karlstr. 11, 73266 Bissingen/Teck, Tel. 07023/72662

Fahrrad Käppeler, Karlstr. 52, 89143 Blaubeuren, Tel. 07344/6398

Fahrrad Sigloch, Karlstr. 9, 89143 Blaubeuren, Tel. 07344/6354

Peter Heinrich, Bike Sport, Hirschaustr. 45, 72393 Burladingen, Tel. 07475/91323

D Fahrradgeschäft Manfred + Helga Eberle, Hülbener Str. 32, 72581 Dettingen, Tel. 07123/7966

Fahrrad Trerchel, Bruckstr. 25, 72358 Dormettingen, Tel. 07427/3571

Fahrrad Kallmann, Marktstr. 8, 72359 Dotternhausen, 07427/2334

E Fahrradhandel Jürgen Bott, Funkenweg 4, 89584 Ehingen, Tel. 07391/752191

Fahrrad Gnam, Biberacher Str. 4, 89584 Ehingen, Tel. 07391/52456

Zweirad-Center, Hans Rothenbacher, Lindenstr. 71, 89548 Ehingen, Tel. 07391/2909

Fahrrad Rief, Virngrundstr. 14, 73479 Ellwangen-Braune Hardt, Tel. 07961/7539

Ellwanger Radhaus, Mühlgraben 76, 73479 Ellwangen, Tel. 07961/6659

Fahrrad Ilg, Amtsgasse 12, 73479 Ellwangen, Tel. 07961/2390

Fahrrad Rupp, Sebastiansgraben 29, 73479 Ellwangen, Tel. 07961/7254

Fa. Ochs, Im Grund 10, 72800 Eningen u.A., Tel. 07121/87264

Balzer, Peter, Neugartenstr. 24, 73457 Essingen-Lauterburg, Tel.: 07365/6438

"Tretkurbel", Gernolf Kopf, Erlenhalde 11, 73457 Essingen, Tel.: 07365/920107

Richard Schanbacher, Küferstr. 32-34, 73728 Esslingen am

Neckar, Tel. 0711/359539

Leonberger - Fahrräder, Fritz-Müller-Str. 1, 73730 Esslingen am Neckar, Tel. 0711/314005

Rudolf's Radl Shop, Wäldenbronner Str. 24, 73732 Esslingen am Neckar, Tel. 0711/378358

Triathlon Maier, Kelterstr. 18, 73733 Esslingen am Neckar, Tel. 0711/3707263

Tiffi's Radlädle, Dürrbeundstr. 26, 73734 Esslingen am Neckar, Tel. 0711/3452258

F Fahrradgeschäft Hans Hamma, Tuttlinger Str. 14, 78567 Fridingen a.D., Tel. 07463/7703

G Brix Sportshop im Gewerbepark, Sigmaringer Str. 24, 72501 Gammertingen, Tel. 07574/7205

Ebner, Stuttgarter Str. 15, 73312 Geislingen/Steige, Tel. 07331/68673

Frohberger u. Steinle, Hohenstaufenstr. 29, 73312 Geislingen/Steige, Tel. 07331/690491

Hiller, Stuttgarter Str. 93, 73312 Geislingen/Steige, Tel. 07331/64449

Kiener, K.-R., Schlachthausstr. 20, 73312 Geislingen an der Steige, Tel. 07331/961980, Fax 07331/961982

Mihatsch, Hauptstr. 10, 73312 Geislingen/Steige, Tel. 07331/43512

Fa. Rank, Herbrechtinger Str. 3, 89537 Giengen, Tel. 07322/919133

Leonberger, Rund ums Rad, Geislinger Str. 8-10, 73033 Göppingen, Tel. 07161/72089 u. Fax. 72091

Zweirad Herzer GmbH, Ulmer Str. 41, 73037 Göppingen, Tel. 07161/979796, Fax 07161/979684

Fa. Paul Zisterer, Lembergstr. 14, 78559 Gosheim, Tel. 07426/7247

H Fahrrad Henle, Ernst Henle, Mühläckerstr. 13, 72379 Hechingen-Stein, Tel. 07471/3223

Fa. Schultheis, St.-Pöltener-Str. 3, 89522 Heidenheim, Tel. 07321/23332

Fa. Staffa, Bahnhofplatz11, 89518 Heidenheim, Tel. 07321/929444

Fa. Hof, Brückenstr. 4, 89542 Herbrechtingen, Tel. 07324/5088

Fa. Hechler, Motor GmbH u. Zweirad-Sport, Heidenheimer Str. 43, 89542 Herbrechtingen-Bolheim, Tel. 07324/2109

RADtreff, Roland Abele, Abtsgmünderstraße 7, 73460 Hüttlingen, Tel. 07361/740630

L Gertrud Bieg, Hauptstr. 54, 73466 Lauchheim, Tel. 07363/5430

M Radsport „Radl Peter", Peter Kunel, Mühlstr. 2, 72555 Metzingen, Tel. 07123/61684

Fa. Eugen Kuhn, Pfleghofstr. 8, 72555 Metzingen, Tel. 07123/61950

Fa. Lackus, Hindenburgstr. 5, 72555 Metzingen, Tel. 07123/18486

Allrad, Metzger Str. 2, 72555 Metzingen, Tel. 07123/20740

Aral Tankstelle, Autohaus Hess, Hauptstr. 134, 72525 Münsingen-Auingen, Tel. 07381/2743

Reinhold Bosler, Blumenstr. 9, 72525 Münsingen-Dottingen, Tel. 07381/2306

Sport Schneiderhahn, Grundstr. 1, 72525 Münsingen-Auingen, Tel. 07381/2088

Rad-Sport Klug, Ziegelhäuser 22, 72525 Münsingen, Tel. 07381/6281 u. 07381/3398

Oliver Link, Fahrzeugtechnik, Hauptstraße 28, 73557 Mutlangen, Tel.: 07171/76886

N Bernd Seiler, Radsport, Hauptstr. 17, 72639 Neuffen, Tel. 07025/7752 oder 0172/7104238

Fa. Albert Kuhn, Fuggerstr. 4, 73491 Neuler, Tel. 07961/7744

Czernoch, Brunnsteige 17, 72622 Nürtingen, Tel. 07022/39364

Eckstein, Plochinger Str. 5/1, 72622 Nürtingen, Tel. 07022/33302

Weidenkeller, Olgastr. 20, 72622 Nürtingen, Tel. 07022/33597

O Zweiradcenter Emil Elmer, Aalener Straße 64, 73447 Oberkochen Telefon 07364/6507

P Eberhard Buddee, Arbachstr. 15, 72793 Pfullingen, Tel. 07121/799843

B. u. B. Hummel, Schloßgartenstr. 6/1, 72793 Pfullingen, Tel. 07121/73298

Valentin Schön, Große Heerstr. 5, 72793 Pfullingen, Tel. 07121/71504

Sportgeschäft Decathlon, Filsallee 19, 73207 Plochingen, Tel.: 07153/89130

Radsport Pressler, Wilhelmstr. 19/1, 73207 Plochingen,Tel.: 07153/71710

R Luigi's Radlädle, Lorcher Straße 1, 73098 Rechberghausen Telefon: 07161/57011

Trans-Velo, Kaiserstr. 52, 72764 Reutlingen, Tel. 07121/470726

Fahrrad Sauer, Steinachstr. 46-50, 72770 Reutlingen, Tel. 07121/95050

Fahrrad- und Freizeit Kilian, Friedrich-Naumann-Str. 51, 72762 Reutlingen, Tel. 07121/206518

Fa. Albert Haas, Schlosserei-Fahrräder-Flaschengas, Poststr. 19, 72587 Römerstein-Böhringen, Tel. 07382/5457, Fax 07382/5763

Freestyle der Zweiradshop, Haller Str. 21, 73494 Rosenberg, Tel. 07967/1277

Micki Sport Handels-GmbH, Hasslerstr. 8, Tel. 07472/3842, Königstr. 47,

Tel. 07472/3004, 72108 Rottenburg am Neckar

Fa. E. Zebisch, Metzelplatz 4, 72108 Rottenburg am Neckar,
Tel. 07472/23443

S Fahrrad u. Angeln, Verkauf u. Service, Alte Hauptstr. 5,
72355 Schömberg, Tel. + Fax 07427/6105

Fahrrad Kaiser GmbH, Heinkelstraße 27, 73614 Schorndorf,
Tel. 07181/929892

Fahrrad Schmidt, Lorcher Str. 13, 73525 Schwäbisch Gmünd,
Tel. 07171/61565

Fahrrad Gräßle, Rinderbachergasse 43, 73525 Schwäbisch Gmünd,
Tel. 07171/68818

Fahrrad Bläse, (Bike Gallery), Heugenstr. 27,
73525 Schwäbisch Gmünd, Tel. 07171/38019

Fa. König, Fahrzeughandel-Technik-Reifen, Stettener Str. 1,
72477 Schwenningen, Tel. 07579/93133, Fax 07579/93134

Reifenservice Buck, Hardstr. 18, 72477 Schwenningen, Tel. 07579/435

Fa. Hugo Beck, Albstr. 7, 72510 Stetten a.k.M., Tel. 07572/5345

Radladen Sattelfest, Burgstr. 10, 72488 Sigmaringen, Tel. 07571/ 682255

Radladen Brancato, Schustergasse 5, 72488 Sigmaringen,
Tel. 07571/63500

Firam Pfaff, Unterdorf 16, 72488 Sigmaringen-Laiz, Tel. 07571/51946

Fa. Anton Zerger, Ortsstraße 24, 74597 Stimpfach-Rechenberg,
Tel. 07967/6254

T „Fahrrad-Fischer", Martin Fischer, Marktstr. 49,
72818 Trochtelfingen, Tel. 07124/9280-0

Roland Ilg, Ernst-Haller-Str. 29/2, 78647 Trossingen; 07425/81 49

Velo-Technik, Lilli-Zapf-Str. 20, Loretto Areal,
72072 Tübingen, Tel. 07071/369562

FahrRadLaden am Rathaus, Haaggasse 43, 72070 Tübingen,
Tel. 07071/23244

Luggi Lammert, Dieselstr. 24, 72074 Tübingen,
Tel. 07071/84216, Fax 84221

RADlager GmbH, Lazarettgasse 19-21, 72070 Tübingen,
Tel. 07071/551651

M. Giegling, Füllmaurerstr. 21, 72072 Tübingen, Tel. 07071/73212

Rad & Tat, Belthlestr. 23, 72070 Tübingen, Tel. 07071/45808

Zweiradcenter Trautwein, Karlstr. 2, 72072 Tübingen, Tel. 07071/32930 u.
Unter dem Holz 21, 72072 Tübingen, Tel. 07071/72277

Josef Schilling, Halldorfer Str. 4, 78532 Tuttlingen-Nendingen,
Tel. 07461/2882

U Fa. Ralf Reich, Frauenstr. 34, 89073 Ulm, Tel. 0731/21179

Fa. Thürheimer, Frauenstr. 54, 89073 Ulm, Tel. 0731/23427

Fa. BIKELINE, Walfischgasse 18, 89073 Ulm, Tel. 0731/6021358

W Sport und Rad Ski Geiger, Gmünder Straße 1, 73550 Waldstetten
Tel.: 07171/946560, Fax: 07171/9465616
Kfz- und Fahrradzubehör Schneider, Reichenbacher Straße 10,
78564 Wehingen, Tel. 07426/3060

Tankstelle Hans Rehm, Kirchenplatz 14, 72589 Westerheim, Tel. 07333/6231

Robert Beck, Deutschordenstr. 9, 73463 Westhausen, Tel. 07363/4557, Fax 07363/5229

Gerhard Haag, Obere Hauptstr. 44/1, 78573 Wurmlingen, Tel. 07461/5817

Z Bernhard Engst, Riedlinger Str. 50, 88529 Zwiefalten-Baach, Tel. 07373/566 u. 567

Campingplätze

Abtsgmünd

Campingplatz Hammerschmiedesee, 100 Stellplätze, 73453 Abtsgmünd, Tel. 07963/1205 oder 415

Campingplatz Laubachstausee, Schwäbischer Albverein Abtsgmünd 73453 Abtsgmünd, Tel. 07366/7323 oder 2305

Adelberg

Sport- und Erholungszentrum Klosterpark Adelberg, 550 Stellplätze, 73099 Adelberg, Tel. 07166/311, Fax 820

Albstadt

Campingmöglichkeit beim badkap, 25 Stellplätze, nur für Reisemobilisten und Caravaner (bis zu 3 Tagen), Postfach 125, 72422 Albstadt Tel. 07431/1601930, Fax 1601942, e-mail: info@badkap.de, Internet: www.badkap.de

Bartholomä

Campingplatz und Ferienhausvermietung Amalienhof, 73566 Bartholomä, Tel. 07173/7542

Bad Urach

Campingplatz Pfählhof, 230 Stellplätze, Werner Koch, Pfählhof 1 72574 Bad Urach, Tel. 07125/8098, Fax 07125/8091

Beuron

Hausen im Tal, Campingplatz Wagenburg, 100 Stellplätze, 88631 Beuron, Tel. 07579/559, Tel. + Fax 07466/1525

Beuron

Wohnmobil-Stellplätze, ca. 20 Stellplätze, 89143 Blaubeuren, Info. Stadt Blaubeuren, Tel.: 07344/9669-0, Tourist-Info Blaubeuren, Tel.: 07344/921025

Blaubeuren

Wohnmobil-Stellplätze, ca. 20 Stellplätze, 89143 Blaubeuren, info: Stadt Blaubeuren, Tel. 0344/9669-0, Tourist-Info Blaubeuren, Tel. 07344/921025

Blaustein

Wohnmobil-Stellplatz, ca. 15-20 Stellplätze, 89134 Blaustein, info: Freizeitbad "Bad Blau", Tel.: 07304/80262

Donzdorf

Campingplatz Schurrenhof, ca. 200 Stellplätze, Peter Lipp 73072 Donzdorf, Tel. 07165/8190, Fax 07165/1625

Ellenberg-Häsle

Campingplatz Häsle, Häsle-Stausee, 100 Stellplätze, Fam. Hammele 73488 Ellenberg-Häsle, Tel. 07965/359

Campingplatz Waldeck Uhl, Häsle-Stausee, 120 Stellplätze, Fam. Uhl 73488 Ellenberg-Häsle, Tel. 07965/2359

Haselbach Campingplatz Fuchs, Haselbach-Stausee, 150 Stellplätze Fam. Fuchs, Haselbach 11, 73488 Ellenberg-Haselbach, Tel. 07965/2270

Campingplatz Pfisterer, Haselbach-Stausee, 60 Stellplätze, Fam. Pfisterer 73488 Ellenberg-Haselbach, Tel. 07965/587

Campingplatz Sonneneck, Haselbach-Stausee, 120 Stellplätze
Fam. Uhl, Haselbach 5, 73488 Ellenberg-Haselbach, Tel. 07965/2359

Ellwangen

Azur-Campingplatz Jagstwiesen, 170 Stellplätze, Rotenbacher Straße, 73479 Ellwangen, Tel. 07961/7921

Beersbach, Campingplatz Sonnenbach-Stausee, 150 Stellplätze
Fam. Veile, 73479 Ellwangen, Tel. 07964/1232

Pfahlheim, Campingplatz Sonnenhof, 200 Stellplätze, Fam. Veile
73479 Ellwangen, Tel. 07965/566

Essingen

Campingplatz Hirtenteich, 250 Stellplätze, 73547 Essingen-Lauterburg, Telefon: 07365/296; Fax: 07365/251

Geislingen/Steige

Campingplatz im Längental, 90 Stellplätze, Tel.: 07331/62774
Fremdenverkehrsverein Geislingen,Jürgen Ludwig, Rheinlandstr. 81
73312 Geislingen/Steige, Verwaltung, Tel. 07331/68257

Hohenstadt

Camping- und Mobilheimplatz Waldpark Hohenstadt, 220 Stellplätze
73345 Hohenstadt, Tel. 07335/6754

Laichingen

Machtolsheim, Campingplatz Heidehof, 900 Dauerstellplätze, 150 Urlaubsstellplätze, 2 Blockhütten à 4 Betten, 89150 Laichingen, Tel. 07333/6408

Riesbürg-Utzmemmingen

Campingplatz am Hause „Riesblick", 20 Stellplätze
Fam. Graumann/Winter, Nördlinger Str. 36
73469 Riesbürg, Tel. 09081/9363

Campingplatz am Hause „Ringlesmühle", 20 Stellplätze
Fam. Vierkorn, Ringlesmühle, 73469 Riesbürg, Tel. 07362/3502

Römerstein-Böhringen

Campingplatz Lauberg, 100 Stellplätze
Elfriede Huber, Hinter Lau 3, 72587 Römerstein, Tel. 07382/1509

Rosenberg-Hüttenhof

Campingplatz Waldcamping Hüttenhof, 300 Stellplätze,
Fam. Ritter, 73494 Rosenberg, Tel. 07963/203

Rottenburg/Neckar

Campingplatz Schadenweiler Hof, 80 Stellplätze, Camping-Club-Stuttgart
72108 Rottenburg/Neckar, Tel. 07472/7301

Wohnmobilhafen „Am Neckarufer", 72108 Rottenburg, 12 Stellplätze, bis zu einer Belegung von 3-4 Tagen keine Platzgebühren, Info.: WTG mbH Tel. 07472/916-236

stadtnaher Reisemobilparkplatz „Weggental", 5 kostenlose Stellplätze, Info.: WTG Tel. 07472/916-236

naturnaher Reisemobilparkplatz in Bad Niedernau, direkt am Neckar gelegen, 5 kostenlose Stellplätze, Info.: WTG Tel. 07472/916-236

Schömberg (Oberes Schlichemtal)

Campingplatz am Stausee, 100 Stellplätze
Heiner Burkhardt, 72355 Schömberg, Tel. 07427/91111, Fax 91112

Sigmaringen

Campingplatz Sigmaringen, 60 Stellplätze, Herrn Friemauth,
72488 Sigmaringen,Tel. 07571/50411, Fax 50412,
Internet: www.campingplatz-sigmaringen.de

Sonnenbühl-Erpfingen

AZUR-Rosencamping, 500 Urlaubsstellplätze, Hardtweg 80
72820 Sonnenbühl, Tel. 07128/466

Schwenningen
Wohnmobil-Stellplatz Staudenbühl beim Sportgelände in
72477 Schwenningen/Heuberg, Tel. 07579/92120

Stetten a.k.M.
Steighöfe beim Naturfreundehaus

Trossingen
Stellplatz für Wohnmobile am Freibad

Tübingen
Neckarcamping Tübingen, 150 Stellplätze
Rappenberghalde 61, 72070 Tübingen, Tel. 07071/43145, Fax 35070

Tuttlingen
Pfarrer Hettich Jugendcamp, Herr Schnee, Rathausgasse 4,
78532 Tuttlingen-Möhringen, Tel. 07462/6160

Ulm/Neu Ulm
Wohnmobilstellplätze, Info: Tourist-Information Uln/Neu-Ulm,
Tel.: 0731/161-2830,Wielanderstr. 74, 89073 Ulm,

Westerheim
Alb-Camping-Westerheim, 1.000 Stellplätze
72589 Westerheim, Tel. 07333/6197 oder 6140

Zwiefalten
Campingplatz beim Freibad mit Freizeitgelände, Stellplätze für Wohnmobile
und Wohnwagen, ca. 120 Stellplätze für Zelte

Herbergen und Jugendherbergen

Aalen
Jugendherberge Aalen, 130 Betten
Fam. Liedtke, Stadionweg 8, 73430 Aalen, Tel. 07361/49203, Fax 44682

Albstadt
IB Jugendgästehaus,
55 Betten, Ebingen, Truchtelfingerstr. 115, 72458 Albstadt, Tel. 07431/2990,
Fax: 07431/5 90744

Naturfreundehaus „Richard-Joner-Heim",
54 Betten, Ebingen, Waldheim 2, 72458 Albstadt, Tel. 07431/2739 oder
51582

Wanderheim Nägelehaus,
66 Betten, Onstmettingen, Raichberg 1, 72461 Albstadt, Tel. 07432/21715,
Fax: 07432/2944

Bad Urach
Jugendherberge des DJH LV. Schwaben e.V.
123 Betten, Burgstr. 45, 72574 Bad Urach, Tel. 07125/8025, Fax 40358

Naturfreundehaus Rohrauer Hütte, Touristenverein „Die Naturfreunde",
Tel. 07122/9763, Hausverwaltung: Heinz Harter, Bad Urach,
Tel. 07125/7129, Fax 07125/408671

Balingen
Jugendherberge Balingen
46 Betten, Fam. Baader, Schloßstr. 5, 72336 Balingen,
Tel. 07433/20805, Fax: 07433/5911

Jugendherberge Lochen
102 Betten, Auf der Lochen 1, 72336 Balingen, Tel. 07433/37383,
Fax: 07433/392296

Blaubeuren
Jugendherberge Blaubeuren
130 Betten, Auf dem Rucken 69, 89143 Blaubeuren, Tel. 07433/37383

Bopfingen

Haus „Ruine Flochberg“, 38 Betten, Buchfeldstr. 2, 73441 Bopfingen, Tel./Fax: 0711/8403698 (M. Lorenz), 07153/25148 (R. Böhm)

Dettingen

Naturfreundehaus Waldheim; TV „Die Naturfreunde“, Ortsgruppe Dettingen/E.; Hausverwaltung: Reiherweg 3, 72581 Dettingen; Hans Münzing, Tel. 07123/ 7420, Fax: 07123/7427 und 7768

Donzdorf

Naturfreundehaus Immenreute e. V. Dagmar und Ulrich Rapp, Wilhelmstraße 8, 73329 Kuchen, Telefon: 07331/82604

Ellwangen

Jugendherberge im Schloss
60 Betten, Frau Wesser, 73479 Ellwangen, Tel. 07961/53880

Esslingen am Neckar

Jugendherberge Esslingen
104 Betten, Neuffenstr. 65, 73734 Esslingen am Neckar, Tel. 0711/381848

Geislingen an der Steige

Geislinger Hütte (B466, zwischen Weißenstein und Böhmenkirch), 32 Personen, Thomas Bührle, auf der Mühlwiese 17, 73337 Bad Überkingen-Hausen, Tel. 07334/923485, Fax 07334/ 933488

Freizeitheim/Waldheim (Geislingen-Stötten), 44 Personen, Ev. Bezirkskasse Geislingen, Steingrubenstr. 4, 73312 Geislingen an der Steige, Tel. 07331/41154

Göppingen-Hohenstaufen

Jugendherberge Göppingen
121 Betten, Schottengasse 45, 73037 Göppingen, Tel. 07165/438

Gomadingen

Jugendgästehaus im Feriendorf Gomadingen, 55 Betten, Stuttgarter Weg 1, 72532 Gomadingen, Tel. 07385/96980, Fax 07385/969818, e-mail: feriendorf-gomadingen@t-online.de, Internet: www.feriendorf-gomadingen.de

Wanderheim Sternberg, 36 Betten, Anmeldung und Auskunft: Ute Leuze, Sonnenhalde 36, 72532 Gomadingen, Tel. 07385/1790, Fax 07385/965178, e-mail: WH.Sternberg@t-online.de, Internet: www.s-alb-org/service/haus/wh19.htm

Hayingen-Indelhausen

Jugendherberge Waldschulheim Indelhausen, 64 Betten, Eichbühl 1, 72534 Hay.-Indelhausen, Tel. 07386/712; Fax 700, e-mail: WSHlindelhausen@t-online.de

Hayingen-Münzdorf

Herberge Burg Derneck, 41 Betten, bei Gundelfingen im Lautertal, 72534 Hay.-Münzdorf, Tel. 07386/217

Heidenheim

Jugendherberge Heidenheim, 128 Betten, Liststr. 15, 89518 Heidenheim, Tel. 07321/42045, Fax 949045

Leibertingen

Jugendherberge Burg Wildenstein
150 Betten, 88637 Leibertingen, Tel. 07466/411, Fax 417

Lichtenstein

Jugendfreizeitheim „Haus Sonnenfels“, 45 Betten, Elfengrottenstraße 16, 72805 Lichtenstein, Tel. 07129/4133, Fax 07129/922313

Mehrstetten

CVJM-Heim, Höhenweg, 15-30 Personen, Zeltmöglichkeit, Kontaktaufnahme über CVJM Tübingen, Tel. 07071/26626, Fax 07381/9383-33

Meßstetten-Tieringen
Herberge Kohlraisle-Haus, 41 Betten,
Fam. Schick, Wagnerstr. 18, 72469 Meßstetten, Tel. 07436/1272

Pfullingen
CVJM-Freizeitheim, Ernst-Trumpp-Weg 110, 40 Betten, 72793 Pfullingen,
Tel. 07121/72525 o. 78027

St. Johann
Naturfreundehaus Rohrauer Hütte, Touristenverein "Die Naturfreunde",
Tel.: 07122/9763, Hausverwaltung: Heinz Harter, Bad Urach,
Tel.: 07125/7129, Fax.: 07125/408671

Schlat
SAV-Heim Wasserberghaus, 65 Personen, Kontaktaufnahme über
Fam. Leonhardt, Tel. 07161/811562 (Di + Mi Ruhetag)

Schömberg (Oberes Schlichemtal)
Jugendbildungsstätte, Schweizerstr. 16, 72355 Schömberg,
Tel. 07427/7411

Sigmaringen
Jugendherberge Sigmaringen
92 Betten, Hohenzollernstr. 31, 72488 Sigmaringen, Tel. 07571/13277,
Fax 61159

Sonnenbühl-Erpfingen
Jugendherberge Erpfingen,150 Betten, Auf der Reute 1,
72820 Sonnenbühl, Tel. 07128/1652

Stetten a.k.M. - Steighöfe
Naturfreundehaus Donautal

Stimpfach-Rechenberg
Schloss Rechenberg, 74597 Stimpfach-Rechenberg, Tel. 07967/372

Trochtelfingen
Herberge ALB-Traum, Gewerbepark Haid, 20 Betten, Eberhard-Finckh-Str. 20,
Trochtelfingen-Haid, Tel. 07129/932510, Fax 07129/932512

Trossingen
Touristenverein Die Naturfreundehaus e.V. c/o Frau Cilly Willmann,
Solweg 5, 78647 Trossingen

Tübingen
Jugendherberge Tübingen, 161 Betten
Fam. Barth, Gartenstr. 22/2, 72074 Tübingen,
Tel. 07071/23002, Fax 25061

Tuttlingen
Naturfreundehaus Donauversickerung, Herr Klingenstein, Außer Ort 10,
78532 Tuttlingen-Möhringen

Ulm
Geschwister-Scholl-Jugendherberge Ulm,144 Betten
Grimmelfinger Weg 45, 89077 Ulm, Tel. 0731/384455, Fax 384511

Winterlingen
Kaplaneihaus Benzingen, 18 Betten, Jürgen Meier-Wolf,
Förderkreis St. Georg, Hohenzollern, Untere Weidenstr. 25,
72488 Sigmaringen

Zwiefalten
Radlerherberge, R. Auchter, Zwiefalten-Baach, 14 Personen,
Tel. 07373/1422